ÍNDIOS
NO BRASIL

OUTROS TÍTULOS DA COLEÇÃO AGENDA BRASILEIRA

Cidadania, um projeto em construção:
Minorias, justiça e direitos
André Botelho
Lilia Moritz Schwarcz
[organizadores]

As figuras do sagrado:
Entre o público e o privado na religiosidade brasileira
Maria Lucia Montes

Mocambos e quilombos:
Uma história do campesinato negro no Brasil
Flávio dos Santos Gomes

Nem preto nem branco, muito pelo contrário:
Cor e raça na sociabilidade brasileira
Lilia Moritz Schwarcz

O século da escassez:
Uma nova cultura de cuidado com a água: impasses e desafios
Marussia Whately
Maura Campanili

Se liga no som: As transformações do rap no Brasil
Ricardo Teperman

COLEÇÃO AGENDA BRASILEIRA

ÍNDIOS NO BRASIL

HISTÓRIA, DIREITOS E CIDADANIA

Manuela Carneiro da Cunha

Copyright dos textos © 2012 by Manuela Carneiro da Cunha

Os ensaios "Imagens de índios do Brasil no século xvi", "Três peças de circunstância sobre direitos dos índios" e "O futuro da questão indígena", gentilmente cedidos pela Cosac Naif, foram previamente reunidos em *Cultura com aspas* (Cosac Naify, São Paulo, 2009).

Grafia atualizada segundo o Acordo Ortográfico da Língua Portuguesa de 1990, que entrou em vigor no Brasil em 2009.

CAPA E PROJETO GRÁFICO
warrakloureiro

FOTO DE CAPA
Orlando Brito/Agência Estado

PREPARAÇÃO
Alexandre Boide

ÍNDICE REMISSIVO
Luciano Marchiori

REVISÃO
Entrelinhas Editorial

Dados Internacionais de Catalogação na Publicação (CIP)
(Câmara Brasileira do Livro, SP, Brasil)

Cunha, Manuela Carneiro da
   Índios no Brasil : história, direitos e cidadania / Manuela Carneiro da Cunha. – 1ª ed. – São Paulo : Claro Enigma, 2012.

ISBN 978-85-8166-022-6

1. Índios da América do Sul – Brasil 2. Índios da América do Sul – Brasil – Artesanato 3. Índios da América do Sul – Brasil – Cultura 4. Índios da América do Sul – Brasil – História 5. Índios da América do Sul – Brasil – Lendas 6. Índios da América do Sul – Brasil – Ritos e cerimônias 7. Índios da América do Sul – Brasil – Usos e costumes I. Título.

12-11725   CDD-306.08981

Índice para catálogo sistemático:
1. Brasil: Sociedades indígenas : Antropologia cultural : Sociologia 306.08981

5ª reimpressão

Todos os direitos desta edição reservados à
EDITORA CLARO ENIGMA
Rua Bandeira Paulista, 702, cj. 71
04532-002 – São Paulo – SP
Telefone: (11) 3707-3531
www.companhiadasletras.com.br
www.blogdacompanhia.com.br

SUMÁRIO

Introdução a uma história indígena 6
Imagens de índios do Brasil no século XVI 26
Política indigenista no século XIX 54
Três peças de circunstância sobre direitos dos índios 98
O futuro da questão indígena 118

BIBLIOGRAFIA 140
SOBRE A AUTORA 147
ÍNDICE REMISSIVO 149
CRÉDITOS DAS IMAGENS 158

INTRODUÇÃO A UMA HISTÓRIA INDÍGENA[*]

[*] Publicado originalmente em *História dos índios no Brasil*, Companhia das Letras, 1992.

> *Como eram e são tão bárbaros, e destituídos da razão, não trataram de Escritura, ou de outros monumentos em que recomendassem à posteridade as suas Histórias para que dela víssemos os seus Principados, alianças, Pazes, e discórdias de soberanos, sucessos de Estados, conquistas de Províncias, defensas de Praças, admirássemos vitórias e perdas de Batalhas, e todo o memorável com que a fortuna e a política vão sempre, com os séculos, acrescentando às Histórias das Monarquias. Por esta Cauza, ignoramos o que se conhece de todas as outras Nações do Mundo [...]*
> (Ignácio Barboza Machado, *Exercícios de Marte*, 1725, fol. 90).

Ao chegarem às costas brasileiras, *os navegadores pensaram que haviam atingido o paraíso terreal: uma região de eterna primavera, onde se vivia comumente por mais de cem anos em perpétua inocência. Deste paraíso assim descoberto, os portugueses eram o novo Adão. A cada lugar conferiram um nome — atividade propriamente adâmica — e a sucessão de nomes era também a crônica de uma gênese que se confundia com a mesma viagem. A cada lugar, o nome do santo do dia: Todos os Santos, São Sebastião, Monte Pascoal. Antes de se batizarem os gentios, batizou-se a terra encontrada. De certa maneira, dessa forma, o Brasil foi simbolicamente criado. Assim, apenas nomeando-o, se tomou posse dele, como se fora virgem (Todorov 1983).

Assim também a História do Brasil, a canônica, começa invariavelmente pelo "descobrimento". São os "descobridores" que a inauguram e conferem aos gentios uma entrada — de serviço — no grande curso da História. Por sua vez, a história da metrópole não é mais a mesma após 1492. A insuspeitada presença desses outros homens (e rapidamente se concorda, e o papa reitera em 1537, que são homens) desencadeia uma reformulação das ideias recebidas: como enquadrar

---

* Publicado originalmente como introdução ao livro *História dos índios no Brasil*, Companhia das Letras, 1992.

por exemplo essa parcela da humanidade, deixada por tanto tempo à margem da Boa Nova, na história geral do gênero humano? Se todos os homens descendem de Noé, e se Noé teve apenas três filhos, Cam, Jafet e Sem, de qual desses filhos proviriam os homens do Mundo Novo? Seriam descendentes daqueles mercadores que ao tempo do rei Salomão singravam o mar para trazerem ouro de Ofir — que poderia ser o Peru —, ou das dez tribos perdidas de Israel que, reinando Salmanasar, se afastaram dos assírios para resguardar em sua pureza seus ritos e sua fé? E mais, admitindo que se soubesse isso, restaria descobrir por que meios teriam cruzado os oceanos antes que os descobridores tivessem domesticado os mares. Talvez as terras do Novo e do Antigo Mundo se comunicassem, ou tivessem se comunicado em tempos passados, por alguma região ainda desconhecida do extremo Norte ou do extremo Sul do Mundo, ou talvez as correntes marinhas tivessem trazido esses homens à deriva. Questões que, debatidas por exemplo pelo jesuíta José d'Acosta em 1590 (Acosta [1590] 1940), continuam colocadas hoje e não se encontram completamente resolvidas (Salzano, Guidon in Carneiro da Cunha [org.] 1992; ver também Salzano 1985, e Salzano e Callegari-Jacques 1988: 2). Haveria múltiplas origens e rotas de penetração do homem americano? Teria ele vindo, como se crê em geral, pelo estreito de Bering e somente por ele? Quando se teria dado essa migração?

ORIGENS

Sabe-se que entre aproximadamente 35 mil e 12 mil anos atrás, uma glaciação teria, por intervalos, feito o mar descer a uns 50 m abaixo do nível atual. A faixa de terra chamada Beríngia teria assim aflorado em vários momentos desse período e permitido a passagem a pé da Ásia para a América. Em outros momentos, como no intervalo entre 15 mil e 19 mil anos atrás, o excesso de frio teria provocado a coalescência de geleiras ao norte da América do Norte, impedindo a passagem de homens. Sobre o período anterior a 35 mil anos, nada se sabe. De 12 mil anos para cá, uma temperatura mais amena teria interposto o mar entre os dois continentes. Em vista disso, é tradicionalmente aceita a hipótese de uma migração terrestre vinda do nordeste da Ásia e se espraiando de norte a sul pelo continente americano, que poderia ter ocorrido entre 14 mil e 12 mil anos atrás. No entanto, há também possibilidades de entrada marítima no continente, pelo estreito de Bering: se é verdade que a Austrália foi alcançada há uns 50 mil anos por homens que, vindos da Ásia, atravessaram uns 60 km de mar, nada impediria que outros viessem para a América por navegação costeira (Meltzer 1989: 474).

Há considerável controvérsia sobre as datas dessa migração e sobre ser ela ou não a única fonte de povoamento das Américas. Quanto à antiguidade do povoamento, as estimativas tradicionais falam de 12 mil anos, mas muitos arqueólogos afirmam a existência de sítios arqueológicos no Novo Mundo anteriores a essas datas: são particularmente importantes nesse sentido as pesquisas feitas no sudeste do Piauí por Niéde Guidon (in Carneiro da Cunha [org.] 1992). Os sítios para os quais se reivindicam as mais antigas datas estariam — complicador adicional — antes a sul do que a norte do continente, contrariando a hipótese de uma descida em que a América do Sul teria sido povoada após a do Norte. Não há consenso sobre o assunto, no entanto, na comunidade arqueológica. Mas, recentemente, uma linguista (Nichols 1990 e 1992), com base no tempo médio de diferenciação de estoques linguísticos, fez suas próprias avaliações e afirmou um povoamento da América que teria sido iniciado entre 30 mil e 35 mil anos atrás. Mais conservadora quanto à profundidade temporal é a estimativa de outro linguista, Greenberg (1987), que mantém os fatídicos 12 mil anos mas estabelece a existência de três grandes línguas colonizadoras que teriam entrado no continente em vagas sucessivas (Urban in Carneiro da Cunha [org.] 1992). Tudo isso põe em causa a hipótese de uma migração única de população siberiana pelo interior da Beríngia. A possibilidade de outras fontes populacionais e de rotas alternativas se somando à do interior da Beríngia não está portanto descartada.

PRESENÇA DA HISTÓRIA INDÍGENA

Sabe-se pouco da história indígena: nem a origem nem as cifras de população são seguras, muito menos o que realmente aconteceu. Mas progrediu-se, no entanto: hoje está mais clara, pelo menos, a extensão do que não se sabe. Os estudos de casos existentes na literatura são fragmentos de conhecimento que permitem imaginar mas não preencher as lacunas de um quadro que gostaríamos fosse global. Permitem também, e isso é importante, não incorrer em certas armadilhas.

A maior dessas armadilhas é talvez a ilusão de primitivismo. Na segunda metade do século XIX, essa época de triunfo do evolucionismo, prosperou a ideia de que certas sociedades teriam ficado na estaca zero da evolução, e que eram portanto algo como fósseis vivos que testemunhavam o passado das sociedades ocidentais. Foi quando as sociedades sem Estado se tornaram, na teoria ocidental, sociedades "primitivas", condenadas a uma eterna infância. E, porque tinham assim parado no tempo, não cabia procurar-lhes a história. Como dizia Varnhagen, "de tais povos na infância não há história: há só etnografia" (Varnhagen [1854] 1978: 30).

Hoje ainda, por lhes desconhecermos a história, por ouvirmos falar, sem entender-lhe o sentido ou o alcance, em sociedades "frias", sem história, porque há um tropo propriamente antropológico que é o chamado "presente etnográfico", e porque nos agrada a ilusão de sociedades virgens, somos tentados a pensar que as sociedades indígenas de agora são a imagem do que foi o Brasil pré-cabralino, e que, como dizia Varnhagen por razões diferentes, sua história se reduz estritamente à sua etnografia.

Na realidade, a história está onipresente. Está presente, primeiro, moldando unidades e culturas novas, cuja homogeneidade reside em grande parte numa trajetória compartilhada: é o caso, por exemplo, do conglomerado piro/conibo/cambeba, que forma uma cultura ribeirinha do Ucayali, apesar de seus componentes pertencerem a três famílias linguísticas diversas — Arawak, Pano e Tupi —, e que se contrapõe às culturas do interflúvio (Erikson in Carneiro da Cunha [org.] 1992); é o caso também das fusões Arawak-Tukano do alto rio Negro (Wright in Carneiro da Cunha [org.] 1992), das culturas neorribeirinhas do Amazonas (Porro in Carneiro da Cunha [org.] 1992), das sociedades indígenas que Taylor chama apropriadamente de coloniais porque geradas pela situação colonial.

Está presente a história ainda na medida em que muitas das sociedades indígenas ditas "isoladas" são descendentes de "refratários", foragidos de missões ou do serviço de colonos que se "retribalizaram" ou aderiram a grupos independentes, como os Mura. Os Mura, aliás, provavelmente se "agigantaram" na Amazônia (Amoroso in Carneiro da Cunha [org.] 1992) porque reuniam trânsfugas de outras etnias. Os Xavante também foram mais de uma vez contactados e mais de uma vez fugiram (Lopes da Silva in Carneiro da Cunha [org.] 1992). A ideia de isolamento deve ser usada com cautela em qualquer hipótese, pois há um contato mediatizado por objetos, machados, miçangas, capazes de percorrerem imensas extensões, mediante comércio e guerra, e de gerarem uma dependência à distância (Turner, Erikson in Carneiro da Cunha [org.] 1992): objetos manufaturados e micro-organismos invadiram o Novo Mundo numa velocidade muito superior à dos homens que os trouxeram.

Está presente a história também no fracionamento étnico para o qual Taylor chama a atenção e que vai de par, paradoxalmente, com uma homogeneização cultural: perda de diversidade cultural e acentuação das microdiferenças que definem a identidade étnica. É provável assim que as unidades sociais que conhecemos hoje sejam o resultado de um processo de atomização cujos mecanismos podem ser percebidos em estudos de caso como o de Turner sobre os Kayapó, e de reagrupamentos de grupos linguisticamente diversos em unidades ao mesmo tempo culturalmente semelhantes e etnicamente diversas, cujos exemplos mais notórios são o do alto Xingu e o do alto rio Negro (Franchetto e Wright in Carneiro da Cunha [org.] 1992). É notável que apenas os grupos de língua Jê pareçam ter ficado imunes a esses conglomerados multilinguísticos. Em suma, o que é hoje o Brasil indígena são fragmentos de um tecido social cuja trama, muito mais complexa e abrangente, cobria provavelmente o território como um todo.

Mas está presente sobretudo a história na própria relação dos homens com a natureza. As sociedades indígenas contemporâneas da Amazônia são, como se apregoou, sociedades igualitárias e de população diminuta. Durante os últimos quarenta anos, muita tinta correu para explicar essas características. Uns acharam que as sociedades indígenas tinham, embutido em seu ser, um antídoto à emergência do Estado. Outros, principalmente norte-americanos, acreditaram que a razão dessa limitação demográfica se fundava numa limitação ambiental, e um acalorado debate se travou quanto à natureza última dessa limitação: a pobreza dos solos, do potencial agrícola ou de proteínas animais. A pesquisa arqueológica (Roosevelt in Carneiro da Cunha [org.] 1992) veio no entanto corroborar o que os cronistas contavam (Porro in Carneiro da Cunha [org.] 1992): a Amazônia, não só na sua várzea mas em várias áreas de terra firme, foi povoada durante longo tempo por populosas sociedades, sedentárias e possivelmente estratificadas, e essas sociedades são autóctones, ou seja, não se explicam como o resultado da difusão de culturas andinas mais "avançadas". As sociedades indígenas de hoje não são portanto o produto da natureza, antes suas relações com o meio ambiente são mediatizadas pela história.

MORTANDADE E CRISTANDADE

Povos e povos indígenas desapareceram da face da terra como consequência do que hoje se chama, num eufemismo envergonhado, "o encontro" de sociedades do Antigo e do Novo Mundo. Esse morticínio nunca visto foi fruto de um processo complexo cujos agentes foram homens e micro-organismos, mas cujos motores últimos poderiam ser reduzidos a dois: ganância e ambição, formas culturais da expansão do que se convencionou chamar o capitalismo mercantil. Motivos mesquinhos e não uma deliberada política de extermínio conseguiram esse resultado espantoso de reduzir uma população que estava na casa dos milhões em 1500 aos pouco mais de 800 mil índios que hoje habitam o Brasil.

As epidemias são normalmente tidas como o principal agente da depopulação indígena (ver, por exemplo, Borah 1964). A barreira epidemiológica era, com efeito, favorável aos europeus na América, e era-lhes desfavorável na África. Na África, os europeus morriam como moscas; aqui eram os índios que morriam: agentes patogênicos da varíola, do sarampo, da coqueluche, da catapora, do tifo, da difteria, da gripe, da peste bubônica, e possivelmente da malária, provocaram no Novo Mundo o que Dobyns chamou de "um dos maiores cataclismos biológicos do mundo". No entanto, é importante enfatizar que a falta de imunidade, devido ao seu isolamento, da população aborígine não basta para explicar a mortandade, mesmo quando ela foi de origem patogênica. Outros fatores, tanto ecológicos quanto sociais, tais como a altitude, o clima, a densidade de população e o relativo isolamento, pesaram decisivamente. Em suma, os micro-organismos não incidiram num vácuo social e político, e sim num mundo socialmente ordenado. Particularmente nefasta foi a política de concentração da população praticada por missionários e pelos órgãos oficiais, pois a alta densidade dos aldeamentos favoreceu as epidemias, sem no entanto garantir o aprovisionamento. O sarampo e a varíola, que entre 1562 e 1564 assolaram as aldeias da Bahia, fizeram os índios morrerem tanto das doenças quanto de fome, a tal ponto que os sobreviventes preferiam vender-se como escravos a morrer à míngua (Carneiro da Cunha 1986). Batismo e doença, como lembra Fausto (in Carneiro da Cunha [org.] 1992), ficaram associados no espírito dos Tupinambá: é elucidativo que um dos milagres atribuídos ao suave Anchieta fosse o de ressuscitar por alguns instantes a indiozinhos mortos para lhes poder dar o batismo. Os aldeamentos religiosos ou civis jamais conseguiram se autorreproduzir biologicamente. Reproduziam-se, isso sim, predatoriamente, na medida em que índios das aldeias eram compulsoriamente alistados nas tropas de resgates para descer dos sertões novas levas de índios, que continuamente vinham preencher as lacunas deixadas por seus predecessores.

Mas não foram só os micro-organismos os responsáveis pela catástrofe demográfica da América. O exacerbamento da guerra indígena, provocado pela sede de escravos, as guerras de conquista e de apresamento em que os índios de aldeia eram alistados contra os índios ditos hostis, as grandes fomes que tradicionalmente acompanhavam as guerras, a desestruturação social, a fuga para novas regiões das quais se desconheciam os recursos ou se tinha de enfrentar os habitantes (ver, por exemplo, Franchetto e Wright in Carneiro da Cunha [org.] 1992), a exploração do trabalho indígena, tudo isso pesou decisivamente na dizimação dos índios. Há poucos estudos demográficos que nos possam esclarecer sobre o peso relativo desses fatores, mas um deles, recente, é elucidativo. Maeder (1990) analisa a população das reduções guarani após o término das expedições dos paulistas apresadores de índios, e cobre o período de 1641 a 1807. Resulta dos dados, abundantes entre essas datas, que os períodos de descenso e mesmo de colapso populacional são aqueles em que houve maior mobilização de homens pelos poderes coloniais, com a consequente desestruturação do trabalho agrícola nos aldeamentos e seus corolários de fome e de peste: desses dados quantitativos emerge uma situação semelhante àquela de que sempre se queixavam os religiosos administradores de aldeamentos indígenas.

A AMÉRICA INVADIDA

As estimativas de população aborígine em 1492 ainda são assunto de grande controvérsia. Para que se tenha uma ideia das cifras avançadas, adapto aqui um quadro de Denevan (1976: 3), que por sua vez adapta e completa Steward (1949: 656) (tabela abaixo).

NÚMEROS PARA (EM MILHÕES)	TERRAS BAIXAS DA AMÉRICA DO SUL	TOTAL AMÉRICA
Sapper (1924)	3 a 5	37 a 48,5
Kroeber (1939:166)	1	8,4
Rosenblat (1954:102)	2,03	13,38
Steward (1949:666)	2,90 (1,1 no Brasil)	15,49
Borah (1964)		100
Dobyns (1966:415)	9 a 11,25	90,04 a 112,55
Chaunu (1969:382)		80 a 100
Denevan (1976:230, 291)	8,5 (5,1 na Amazônia)	57,300

Quanto às regiões que nos ocupam mais de perto, Rosenblat (1954: 316) dá 1 milhão para o Brasil como um todo, Moran (1974: 137) dá uns modestos 500 mil para a Amazônia, ao passo que Denevan (1976: 230) avalia em 6,8 milhões a população aborígine da Amazônia, Brasil central e costa nordeste, com a altíssima densidade de 14,6 habitantes/km^2 na área da várzea amazônica e apenas 0,2 habitante/km^2 para o interflúvio. Como cifra de comparação, a península ibérica pela mesma época teria uma densidade de 17 habitantes/km^2 (Braudel 1979: 42).

Como se vê no quadro, as estimativas variam de 1 a 8,5 milhões de habitantes para as terras baixas da América do Sul. Diga-se de passagem, sabe-se ainda menos da população da Europa ou da Ásia na mesma época: a América é até bem servida desde os trabalhos de demografia histórica da chamada escola de Berkeley, cujos expoentes principais foram Cook e Borah. Imagina-se, só como base de comparação, que a Europa teria, do Atlântico aos Urais, de 60 a 80 milhões de habitantes em 1500 (Borah apud Denevan 1976: 5). Se assim tiver sido realmente, então um continente teria logrado a triste façanha de, com punhados de colonos, despovoar um continente muito mais habitado.

Essas estimativas díspares resultam sobretudo de uma avaliação diferente do impacto da população indígena. Os historiadores parecem concordar com um mínimo de população indígena para o continente situado por volta de 1650: diferem quanto à magnitude da catástrofe. Alguns, como Rosenblat, avaliam que de 1492 a esse nadir (1650), a América perdeu um quarto de sua população; outros, como Dobyns, acham que a depopulação foi da ordem de 95% a 96% (Sánchez-Albornoz 1973).

Seja como for, as estimativas da população aborígine e da magnitude do genocídio tendem portanto, e com poucas exceções, a ser mais altas desde os anos 1960. Um dos resultados laterais dessa tendência é o crédito crescente de que passam a gozar os testemunhos dos cronistas. Ora, para a várzea amazônica e para a costa brasileira, os cronistas são com efeito unânimes em falar de densas populações e de indescritíveis mortandades (ver Porro e Fausto in Carneiro da Cunha [org.] 1992).

Se a população aborígine tinha, realmente, a densidade que hoje se lhe atribui, esvai-se a imagem tradicional (aparentemente consolidada no século XIX), de um continente pouco habitado a ser ocupado pelos europeus.[1] Como foi dito com força por Jennings (1975), a América não foi descoberta, foi invadida.

POLÍTICA INDIGENISTA

Como se deu, esquematicamente, esse processo? Durante o primeiro meio século, os índios foram sobretudo parceiros comerciais dos europeus, trocando por foices, machados e facas o pau-brasil para tintura de tecidos e curiosidades exóticas como papagaios e macacos, em feitorias costeiras (Marchant 1980). Com o primeiro governo geral do Brasil, a Colônia se instalou como tal e as relações alteraram-se, tensionadas pelos interesses em jogo que, do lado europeu, envolviam colonos, governo e missionários, mantendo entre si, como assinala Taylor, uma complexa relação feita de conflito e de simbiose.

Não eram mais parceiros para escambo que desejavam os colonos, mas mão de obra para as empresas coloniais que incluíam a própria reprodução da mão de obra, na forma de canoeiros e soldados para o apresamento de mais índios: problema estrutural e não de alguma índole ibérica. Quem melhor o expressou foi aquele velho índio tupinambá do Maranhão que, por volta de 1610, teria feito o seguinte discurso aos franceses que ensaiavam o estabelecimento de uma colônia:

Vi a chegada dos peró [portugueses] em Pernambuco e Potiú; e começaram eles como vós, franceses, fazeis agora. De início, os peró não faziam senão traficar sem pretenderem fixar residência [...] Mais tarde, disseram que nos devíamos acostumar a eles e que precisavam construir fortalezas, para se defenderem, e cidades, para morarem conosco [...] Mais tarde afirmaram que nem eles nem os paí [padres] podiam viver sem escravos para os servirem e por eles trabalharem. Mas não satisfeitos com os escravos capturados na guerra, quiseram também os filhos dos nossos e acabaram escravizando toda a nação [...] Assim aconteceu com os franceses. Da primeira vez que viestes aqui, vós o fizeste somente para traficar [...] Nessa época não faláveis em aqui vos fixar; apenas vos contentáveis com visitar-nos uma vez por ano [...] Regressáveis então a vosso país, levando nossos gêneros para trocá-los com aquilo de que carecíamos. Agora já nos falais de vos estabelecerdes aqui, de construirdes fortalezas para defender-nos contra os nossos inimigos. Para isso, trouxestes um Morubixaba e vários Paí. Em verdade, estamos satisfeitos, mas os peró fizeram o mesmo [...] Como estes, vós não queríeis escravos, a princípio; agora os pedis e os quereis como eles no fim [...] (d'Abbeville, trad. Sérgio Milliet, [1614] 1975: 115-6).

A Coroa tinha seus próprios interesses, fiscais e estratégicos acima de tudo: queria decerto ver prosperar a Colônia, mas queria também garanti-la politicamente. Para tanto, interessavam-lhe aliados índios nas suas lutas contra franceses, holandeses e espanhóis, seus competidores internos, enquanto para garantir seus limites externos desejava "fronteiras vivas", formadas por grupos indígenas aliados (Farage 1991). Ocasionalmente também, como no caso do rio Madeira na década de 1730, convinha-lhe a presença de um grupo indígena hostil para obstruir uma rota fluvial e impedir o contrabando (Amoroso in Carneiro da Cunha [org.] 1992). Em épocas mais tardias, principalmente na do marquês de

Pombal, a Coroa pretendia enfim, numa visão mais ampla, promover a emergência de um povo brasileiro livre, substrato de um Estado consistente (Perrone in Carneiro da Cunha [org.] 1992): índios e brancos formariam este povo enquanto os negros continuariam escravos.

Os interesses particulares dos colonos e os da Coroa podiam portanto eventualmente estar em conflito na época colonial, e um terceiro ator, importante, complicava ainda a situação, a saber, a Igreja, ou mais precisamente uma ordem religiosa, a jesuítica. A Igreja, com efeito, não era monolítica, longe disso. À tradicional oposição entre clero secular e clero regular, acrescentava-se a rivalidade entre as diversas ordens, que significativamente eram chamadas de "religiões" no século XVII. O sistema do padroado, em que o rei de Portugal, por delegação papal, exercia várias das atribuições da hierarquia religiosa e arcava também com as suas despesas, conferia um poder excepcional à Coroa em matéria religiosa. Por outro lado, o padroado se justificava pela obrigação imposta à Coroa de evangelizar suas colônias, e era a base da partilha entre as duas potências ibéricas que o papa Alexandre VI havia feito do Novo Mundo em 1493 e contra a qual outros países se insurgiam. Se o padroado criava obrigações para a Coroa, ele também lhe sujeitava o clero. Apenas os jesuítas, talvez pela sua ligação direta com Roma, talvez pela independência financeira que adquiriram, lograram ter uma política independente, e entraram em choque ocasionalmente com o governo e regularmente com os moradores — como atestam suas expulsões de São Paulo em 1640, do Maranhão e Pará em 1661-2 e do Maranhão em 1684, desta vez por influência tanto dos colonos como das outras ordens religiosas. Em todas as ocasiões, o pomo da discórdia sempre foi o controle do trabalho indígena nos aldeamentos, e as disputas centravam-se tanto na legislação como nos postos-chave cobiçados: a direção das aldeias e a autoridade para repartir os índios para o trabalho fora dos aldeamentos.

De meados do século XVII a meados do século XVIII, quando Portugal estava interessado em ocupar a Amazônia, os jesuítas talharam para si um enorme território missionário. Foi o seu século de ouro, iniciado pela formidável influência junto a d. João IV e ao papa que Vieira, nosso maior escritor, logrou obter. A partir da expulsão dos jesuítas por Pombal, em 1759, e sobretudo a partir da chegada de d. João VI ao Brasil, em 1808, a política indigenista viu sua arena reduzida e sua natureza modificada: não havia mais vozes dissonantes quando se tratava de escravizar índios e de ocupar suas terras. A partir de meados do século XIX, como enfatizou J. Oscar Beozzo, a cobiça se desloca do trabalho para as terras indígenas (Farage e Santilli in Carneiro da Cunha [org.] 1992). Um século mais tarde, irá se deslocar novamente: do solo, passará para o subsolo indígena.

O início do século XX verá um movimento de opinião dos mais importantes, que culminará na criação do Serviço de Proteção aos Índios (SPI), em 1910 (Souza Lima in Carneiro da Cunha [org.] 1992). O SPI extingue-se melancolicamente em 1966 em meio a acusações de corrupção e é substituído em 1967 pela Fundação Nacional do Índio (Funai): a política indigenista continua atrelada ao Estado e a suas prioridades. Os anos 1970 são os do "milagre", dos investimentos em infraestrutura e em prospecção mineral — é a época da Transamazônica, da barragem de Tucuruí e da de Balbina, do Projeto Carajás. Tudo cedia ante a hegemonia do "progresso", diante do qual os índios eram empecilhos: forçava-se o contato com grupos isolados para que os tratores pudessem abrir estradas e realocavam-se os índios mais de uma vez, primeiro para afastá-los da estrada, depois para afastá-los do lago da barragem que inundava suas terras. É o caso, paradigmático, dos Parakanã, do Pará. Esse período, crucial, mas que não vem tratado neste livro, desembocou na militarização da questão indígena, a partir do início dos anos 1980: de empecilhos, os índios passaram a ser riscos à segurança nacional. Sua presença nas fronteiras era agora um potencial perigo. É irônico que índios de Roraima, que haviam sido no século XVIII usados como "muralhas dos sertões" (Farage 1991), garantindo as fronteiras brasileiras, fossem agora vistos como ameaças a essas mesmas fronteiras.

No fim da década de 1970 multiplicam-se as organizações não governamentais de apoio aos índios, e no início da década de 1980, pela primeira vez, se organiza um movimento indígena de âmbito nacional. Essa mobilização explica as grandes novidades obtidas na Constituição de 1988, que abandona as metas e o jargão assimilacionistas e reconhece os direitos originários dos índios, seus direitos históricos, à posse da terra de que foram os primeiros senhores.

POLÍTICA INDÍGENA

Por má consciência e boas intenções, imperou durante muito tempo a noção de que os índios foram apenas vítimas do sistema mundial, vítimas de uma política e de práticas que lhes eram externas e que os destruíram. Essa visão, além de seu fundamento moral, tinha outro, teórico: é que a história, movida pela metrópole, pelo capital, só teria nexo em seu epicentro. A periferia do capital era também o lixo da história. O resultado paradoxal dessa postura "politicamente correta" foi somar à eliminação física e étnica dos índios sua eliminação como sujeitos históricos.[2]

Ora, não há dúvida de que os índios foram atores políticos importantes de sua própria história e de que, nos interstícios da política indigenista, se vislumbra algo do que foi a política indígena. Sabe-se que as potências metropolitanas perceberam desde cedo as potencialidades estratégicas das inimizades entre grupos indígenas: no século XVI, os franceses e os portugueses em guerra aliaram-se respectivamente aos Tamoio e aos Tupiniquins (Fausto in Carneiro da Cunha [org.] 1992); e no século XVII os holandeses pela primeira vez se aliaram a grupos "tapuias" contra os portugueses (Dantas, Sampaio e Carvalho in Carneiro da Cunha [org.] 1992). No século XIX, os Munduruku foram usados para "desinfestar" o Madeira de grupos hostis e os Krahô, no Tocantins, para combater outras etnias Jê.

Essa política metropolitana requer a existência de uma política indígena: os Tamoio e os Tupiniquins tinham seus próprios motivos para se aliarem aos franceses ou aos portugueses. Os Tapuia de Janduí tinham os seus para aceitarem apoiar Maurício de Nassau. Se nesses casos não é certo a quem cabe a iniciativa, em outros a iniciativa é comprovadamente indígena: no século XVII, grupos Conibo (Pano) querem aliados espanhóis (missionários) para contestar o monopólio piro (arawak) das rotas comerciais com os Andes (Erikson in Carneiro da Cunha [org.] 1992). A coalizão de Karajá, Xerente e Xavante em Goiás, que em 1812 destruiu o recém-fundado presídio de Santa Maria no Araguaia (Karasch in Carneiro da Cunha [org.] 1992), é um exemplo da amplitude que podia alcançar a política indígena em seu confronto com os recém-chegados.

Coalizões desse porte, no entanto, foram excepcionais. Ao contrário, o efeito geral dessa imbricação da política indigenista com a política indígena foi antes o fracionamento étnico (Taylor, Erikson in Carneiro da Cunha [org.] 1992). Faltam no entanto estudos de caso desses processos de fracionamento. Por isso é particularmente valiosa a descrição feita por Turner de um processo desse tipo, mostrando a articulação da política externa com a política interna dos grupos kayapó ao longo de várias décadas: corrida armamentista, fissão ao longo de clivagens já inscritas na sociedade (metades, sociedades masculinas), tornam-se inteligíveis à luz da estrutura social kayapó. E, reciprocamente, é essa história etnográfica que ilumina a estrutura social kayapó. A história local é portanto, como advoga, entre outros, Marshall Sahlins (1992), elemento importante de conhecimento etnográfico.

OS ÍNDIOS COMO AGENTES DE SUA HISTÓRIA

A percepção de uma política e de uma consciência histórica em que os índios são sujeitos e não apenas vítimas só é nova eventualmente para nós. Para os índios, ela parece ser costumeira. É significativo que dois eventos fundamentais — a gênese do homem branco e a iniciativa do contato — sejam frequentemente apreendidos nas sociedades indígenas como o produto de sua própria ação ou vontade.

A gênese do homem branco nas mitologias indígenas difere em geral da gênese de outros "estrangeiros" ou inimigos porque introduz, além da simples alteridade, o tema da desigualdade no poder e na tecnologia. O homem branco é muitas vezes, no mito, um mutante indígena,[3] alguém que surgiu do grupo. Frequentemente também, a desigualdade tecnológica, o monopólio de machados, espingardas e objetos manufaturados em geral, que foi dado aos brancos, deriva, no mito, de uma escolha que foi dada aos índios. Eles poderiam ter escolhido ou se apropriado desses recursos, mas fizeram uma escolha equivocada. Os Krahô e os Canela, por exemplo, quando lhes foi dada a opção, preferiram o arco e a cuia à espingarda e ao prato. Os exemplos dessa mitologia são legião: lembro apenas, além dos já citados, os Waurá, que não conseguem manejar a espingarda que lhes é oferecida em primeiro lugar pelo Sol (Ireland 1988: 166), os Tupinambá setecentistas do Maranhão cujos antepassados teriam escolhido a espada de madeira em vez da espada de ferro (d'Abbeville, [1614] 1975: 60-1). Para os Kawahiwa, os brancos são os que aceitaram se banhar na panela fervente de Bahira: permaneceram índios os que recusaram (Menéndez 1989). O tema recorrente que saliento é que a opção, no mito, foi oferecida aos índios, que não são vítimas de uma fatalidade mas agentes de seu destino. Talvez tenham escolhido mal. Mas fica salva a dignidade de terem moldado a própria história.

Assim também a etno-história do contato é amiúde contada como uma iniciativa que parte dos índios (Turner, Franchetto in Carneiro da Cunha [org.] 1992) ou até como uma empresa de "pacificação dos brancos", como é o caso por exemplo dos Cinta-Larga de Rondônia (Dal Poz 1991). O que isso indica é que as sociedades indígenas pensaram o que lhes acontecia em seus próprios termos, reconstruíram uma história do mundo em que elas pesavam e em que suas escolhas tinham consequências.

NOTAS

1 O grande historiador Varnhagen, cujo preconceito contra os índios era notório, foi um dos principais apóstolos dessa visão: estima em menos de 1 milhão a população indígena. É curioso perceber que as notas de Capistrano que Abreu, seu editor, acrescenta à monumental *História geral do Brasil* de Varnhagen desmentem as estimativas do autor (Varnhagen, vol. 1: 23).

2 Isso não é grande novidade: a partir de meados dos anos 1980, após a voga avassaladora do modelo de sistema mundial de Wallerstein, vários antropólogos, entre os quais Marshall Sahlins, insurgiram-se contra o esvaziamento da história local. Vide na mesma direção J. Hill (1988: 2).

3 Penso por exemplo na mitologia Timbira em geral (Nimuendaju 1946; Da Matta 1970; Carneiro da Cunha 1973), na mitologia dos grupos de língua Kayapó (Vidal 1977; Turner 1988), na mitologia de alguns grupos de língua Tupi como Kawahiwa (Menéndez 1989) e na de grupos Pano do interflúvio (Kiefenheim e Deshayes 1982). Em grupos Pano ribeirinhos, como os Shipibo, a história é diferente: os homens são criados do barro pelo Inca, que os molda e assa. Os brancos são assados de menos; os negros, assados demais; finalmente são feitos os índios, assados a contento (Roe 1988).

IMAGENS DE ÍNDIOS DO BRASIL NO SÉCULO XVI*

* Este foi um artigo de encomenda, mas que escrevi com muito gosto. Foi publicado em 1990. Desde então, a crítica de textos tem progredido muito. Frank Lestringant e Suzanne Lassagnet comentaram com máxima erudição os textos dos principais autores franceses quinhentistas que falam do Brasil. Charlotte de Castelnau contextualizou admiravelmente o discurso dos jesuítas. Alberto Mussa restaurou a importância de Thevet e fez uma importante reavaliação das fontes seiscentistas. E Eduardo Viveiros de Castro escreveu um ensaio que nasceu clássico sobre a questão da conversão e da inconstância dos Tupi. Republicar um artigo baseado em aparato crítico mais frágil do que o disponível hoje só se justifica, a meu ver, pelos temas que introduzi e que se ampliaram em artigos mais recentes. Penso em particular no da construção pelos missionários de um patamar comum que autorize a comparação e no do tratamento da semelhança e da diferença em termos jesuíticos e indígenas.

Publicado originalmente em *Estudos Avançados* vol. 4, nº 10:91-110, 1990.

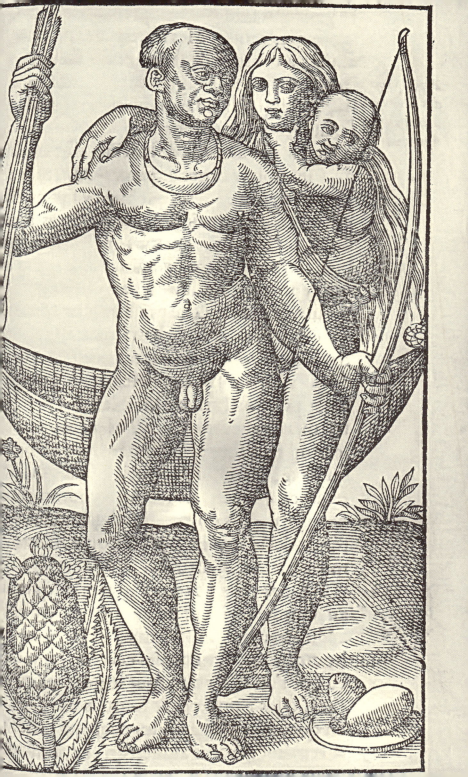

Há vários discursos sobre os índios no século XVI: uma literatura e uma iconografia de viagens, com desdobramentos morais e filosóficos, firma seus cânones ao longo do século; um *corpus* legiferante e de reflexão teológica e jurídica elabora, passada a era do escambo, uma ordenação das relações coloniais; paralela à conquista territorial, a conquista espiritual, por sua vez, se expressa em um novo gênero, inaugurado pelos jesuítas e destinado a obter grande sucesso: as cartas, relatórios internos ou descrições edificantes. Excepcionalmente, temos o relato de um colono, Gabriel Soares de Souza: quanto ao olhar curioso da Inquisição na Bahia e em Pernambuco, no finzinho do século, não se detém nos índios, já que eles não estão sob sua jurisdição.

Os índios do Brasil são, no século XVI, os do espaço atribuído a Portugal pelo papa no Tratado de Tordesilhas, ele próprio incerto em seus limites, algo entre a boca do Tocantins e a boca do Parnaíba a norte até São Vicente a sul, talvez um pouco além se incluirmos a zona contestada dos Carijó. Os índios do rio Amazonas, na época um rio mais "espanhol" do que "português", não contribuem propriamente para a formação da imagem dos índios do Brasil. Essa imagem é, fundamentalmente, a dos grupos de língua tupi e, ancilarmente, guarani. Como em contraponto, há a figura do Aimoré, Ouetaca, Tapuia, ou seja, aqueles a quem os Tupi acusam de barbárie.

PRIMEIROS OLHARES

Os portugueses, fascinados pelo Oriente, pouco especularam sobre o Novo Mundo. Nem objeto de conhecimento ou reflexão, nem sequer ainda de intensa cobiça, o Brasil passou em grande parte despercebido durante os primeiros cinquenta anos de seu contato. Camões dedica-lhe quatro magros versos — evocando o pau-brasil — no último canto dos *Lusía-*

das (estrofe 1086, versos 138-41), publicados em 1572, e até o espanhol Ercilla falará mais dos brasileiros do que o poeta português. É só na década de 1570 que Gândavo escreve seu *Tratado da Terra do Brasil* (c. 1570) e sua *História da Província de Santa Cruz* (1576), obras provavelmente de incentivo à imigração e a investimentos portugueses, semelhantes às que, bem mais cedo, os ingleses haviam feito para a Virgínia. No prólogo à *História da Província de Santa Cruz*, Gândavo fala do "pouco caso que os portuguezes fizerão sempre da mesma provincia" e diz que "os estrangeiros a tem noutra estima, e sabem suas particularidades melhor e mais de raiz que nós" ([1576] 1980: 76). Todo o interesse, todo o imaginário português se concentra, à época, nas Índias, enquanto espanhóis, franceses, holandeses, ingleses, estão fascinados pelo Novo Mundo, cada qual, aliás, a partir de regiões específicas: a América dos Espanhóis é antes de tudo o México e o Peru; a dos ingleses, a Flórida; e a dos franceses é sobretudo o Brasil (Broc 1984: 159).

A primeira carta sobre o Brasil, a belíssima carta de 1500, escrita por Pero Vaz de Caminha a el-rei dom Manuel, fica inédita e soterrada até 1773 nos arquivos portugueses. São as cartas de Américo Vespúcio — as autênticas e as apócrifas —, talvez por serem endereçadas a Lourenço de Medici e, através dele, ao público letrado europeu, que notabilizaram a então Terra de Vera Cruz e seus habitantes.

Por mais exatas que sejam (e certamente são mais escrupulosas do que muitos relatos posteriores), as primeiras cartas já se assentam em ideias propagadas desde o *Diário da primeira viagem* de Colombo, elas próprias enraizadas nos relatos de viagens — reais ou imaginárias — de Marco Polo, de Mandeville, do Preste João: ideias de Paraíso terreno e de fonte da juventude à sua proximidade, de amazonas e de seus tesouros, mitos de origem medieval ou clássica que povoam o imaginário dos "descobridores",[1] e que se insinuam nas mais verazes descrições. Os viajantes veem por indícios e ouvem dos índios, sabe-se lá em que língua, o que a Europa procura e antecipa: seus relatos, confrontados às tradições clássicas, são por sua vez sistematizados por cosmógrafos — como Pedro Mártir, o milanês, que escreve em Sevilha — que, em pouco tempo, estabelecem um corpo canônico de saber sobre o Novo Mundo, realimentador da observação. Terão vida particularmente longa as primeiras notícias de Colombo sobre a inocência, a docilidade, a ausência de crenças da gente que encontrou, elaboradas, segundo Gerbi ([1975] 1978: 27-28), para convencer os reis católicos da facilidade de se dominarem terras tão prodigiosamente férteis e ricas de ouro e especiarias.

A carta de Pero Vaz de Caminha é, na verdade, um diário que registra, de 22 de abril a 10 de maio de 1500, uma progressiva descoberta dos homens (desde o primeiro instante, não há dúvida de que são humanos) e das mulheres de Porto Seguro. A primeira imagem, a mesma que Colombo tivera nas Antilhas, é de que todos vão nus e são imberbes: "Homens pardos, todos nus, sem nenhuma coisa que lhes cobrisse suas vergonhas, traziam arcos nas mãos e suas setas" (Caminha [1500] 1968: 21). E Caminha compraz-se em um jogo de palavras e em uma primeira comparação, dizendo das moças que tinham "suas vergonhas tão altas, tão serradinhas e tão limpas de cabeleiras que, de as nós muito bem olharmos, não tínhamos nenhuma vergonha" (ibid.: 36-37). E, mais adiante, dirá de outra índia que era "sua vergonha (que ela não tinha) tão graciosa, que a muitas mulheres da nossa terra, vendo-lhe tais feições, fizera vergonha, por não terem a sua como ela" (id. ibid.: 40).

A essa imagem de nudez, que será retomada, com menos talento literário, por Vespúcio,[2] associa-se a ideia de inocência (id. ibid.: 25, 91): Caminha, com aparente candura, contrasta a ingenuidade comercial e a confiança inicial desses homens que, desde o primeiro dia, se estendem e dormem no convés do navio, com a deslealdade, a cupidez e a sede de ouro e prata dos portugueses (id. ibid.: 27, 30, 53, 49, 66,

76). Esses homens são formosos, gordos e sadios, como as "alimárias monteses às quais faz o ar melhor pena e melhor cabelo que às mansas" (id. ibid.: 59). Essa ideia de não domesticação dessa gente que nada domestica — nem plantas nem animais — é, em Caminha, tão poderosa, que o leva a ignorar a agricultura dos índios, a não dar realce às redes e jangadas que menciona, e a presumir, só para ser desmentido no dia seguinte, que eles sequer tenham casas onde se abriguem (id. ibid.: 81, 59, 65-66). Gente "bestial" a ser amansada (id. ibid.: 59, 58, 77, 82), por quem Caminha nutre uma evidente simpatia e sobre a qual inaugura uma série de duradouros e etnograficamente duvidosos lugares-comuns: não têm chefe ou principal (sequer distinguindo o capitão-mor que os recebe em toda a sua pompa) (id. ibid.: 46, 52, 27); não têm nenhuma idolatria ou adoração (id. ibid.: 90-91, 80); são uma argila moldável, uma tábula rasa, uma página em branco — "e imprimir-se-á com ligeireza neles qualquer cunho, que lhes quiserem dar" (id. ibid.: 80). Gente, em suma, que não sujeita a natureza como não se sujeita a si mesma a jugo algum: gente montesa, gente "selvagem".[3]

Vespúcio era o cosmógrafo da segunda expedição, a que dom Manuel mandou em 1501, e que percorreu a costa durante dez longos meses, do cabo São Roque até São Vicente. Conta que passou 27 dias comendo e dormindo entre os "animais racionais" da Nova Terra, e é ele quem completa o inventário básico do que, daí por diante, se dirá dos índios.[4] Vespúcio, que fala da sua nudez, não fala mais da sua inocência: ao contrário, é ele quem relata pela primeira vez a antropofagia indígena. O retrato que faz é paradoxal: entre si, tudo têm em comum, mas vivem em guerra cruel contra seus inimigos. As razões dessa guerra perpétua, diz Vespúcio, são misteriosas, já que não têm propriedade particular, já que não guerreiam para se assenhorearem de terras ou de vassalos, já que ignoram o que seja a cobiça, o roubo ou a ambição de reinar. Dizem eles apenas que querem vingar a morte de seus pais e antepassados. Fica assim introduzida a ideia de uma guerra desinteressada, embora bestial, e de uma antropofagia de vingança e não alimentar: distinção importante a que retornaremos mais adiante.

A ausência de propriedade e, portanto, de cobiça e de herança são elementos novos que Vespúcio acentua. É Vespúcio também quem, pela primeira vez — resquício do mito da fonte da juventude? —, fala da longevidade dos brasileiros:

> *Son gente que vive muchos años, porque según sus descendencias conocimos muchos hombres que tienen hasta la cuarta generación de nietos. No saben contar los días ni el año ni los meses, salvo que miden el tiempo por meses lunares, y quando quieren mostrar la edad de alguna cosa lo muestran con piedras, poniendo por cada luna una piedra, y encontré un hombre de los más viejos que me señaló con piedras haber vivido 1700 lunas, que me parece son 130 años, contando trece lunas por año* (Américo Vespúcio a Lourenço de Medici, Lisboa, outono de 1501, in D'Olwer 1963: 542).[5]

De resto, com pequenos acréscimos sobre costumes matrimoniais não necessariamente corretos (mas também com boa descrição de casas, redes e adornos), Vespúcio repete Caminha: essa gente não tem lei, nem fé, nem rei, não obedece a ninguém, cada um é senhor de si mesmo. Vive *secundam naturam* e não conhece a imortalidade da alma.[6]

Está assim formado o lastro de uma concepção dos brasileiros que vigorará, com poucos retoques, entre os que praticarem o escambo de pau-brasil, papagaios, macacos e outras riquezas, ou seja, entre os portugueses até 1549, e entre os outros europeus até muito mais tarde. Os sucessivos navios de várias nacionalidades e os intérpretes normandos ou degredados portugueses aqui estabelecidos devem ter consolidado esse saber de tal forma que, em 1519, o italiano Antonio Pigafetta, de passagem na expedição de Fernão de Magalhães, fornece já algo como um *"dictionnaire des idées reçues"* (dicionário de ideias aceitas) sobre o Brasil do início do século XVI. Condensado, já tudo está lá: brasileiros e brasileiras vão nus, vivem até 140 anos, "não são cristãos mas também não são idólatras, porque não adoram nada", comem seus inimigos, tecem redes, fazem canoas, moram em grandes casas (Pigafetta [1524?] 1985: 57-ss).

É somente a partir da década de 1550 que o conhecimento do Brasil se precisará, e agora de maneiras divergentes. São duas linhas divisórias básicas: uma que passa entre autores ibéricos ligados diretamente à colonização — missionários, administradores, moradores — e autores não ibéricos ligados ao escambo, para quem os índios são matéria de reflexão muito mais que de gestão; e outra que separa, nesse período de intensa luta religiosa, autores usados por protestantes de autores usados por católicos.

Nesta última categoria, temos o franciscano André Thevet, cujo interesse pela mitologia o torna a melhor fonte sobre a cosmologia tupinambá do século XVI.[7] Contrapondo-se a Thevet, direta ou indiretamente, temos também dois autores excepcionais que estiveram entre os Tupinambá mais ou menos na mesma época, mas em posições assimétricas, um como inimigo destinado a ser comido, outro como aliado: o artilheiro do Hesse, Hans Staden, que viveu prisioneiro dos Tupinambá, e os descreve com inteligência e pragmatismo em livro publicado originalmente em 1557 e que conheceu imediato sucesso — quatro edições em um ano —, e o calvinista Jean de Léry, que passa alguns meses, em 1557, com os mesmos Tupinambá quando a perseguição que Villegagnon move aos huguenotes os obriga a se instalarem em terra firme. O livro de Léry só é publicado em 1578 e, embora o autor afirme que o redigiu em 1563, várias passagens atestam interpolações posteriores a essa data. Seja como for, a edição de 1592, em Frankfurt, da terceira parte da *Coleção de grandes viagens* ilustrada pelo ourives, gravurista e propagandista huguenote Theodor de Bry, que reunia os livros de Hans Staden e de Jean de Léry, publicados simultaneamente em alemão e em latim, consagra a influência desses autores fundamentais. Também republicado alguns anos mais tarde por De Bry, provavelmente por atestar os péssimos hábitos dos conquistadores espanhóis, que chegariam, entre outras coisas, a devorar enforcados quando a fome os aperta em Buenos Aires, está o livro do mercenário alemão Ulrich Schmidel, que passou vinte anos perambulando pelo rio Paraguai a partir de 1537 e que fornece uma espécie de roteiro gastronômico das múltiplas etnias por que passou, entre as quais a dos Carijó.

O TEU E O MEU

Um dos traços mais celebrados nesse contexto, sobretudo por Jean de Léry, é, sem dúvida, o da suposta ausência de propriedade material e de cobiça, com sua crítica explícita a sociedades movidas pelo lucro e pelo entesouramento (por exemplo, Léry [1578] 1972: 125-26, 180, 230). Não que os Tupinambá não desejassem bens materiais, e todo o comércio baseava-se neste desejo: simplesmente não acumulavam, não transmitiam a herdeiros e entre si partilhavam a comida (Staden [1557] 1974: 167; Thevet [1558] 1978: 144). "Têm estes Tupinambás uma condição muito boa para frades franciscanos", escreverá Soares de Souza que neste ponto concorda com os autores não ibéricos,

> porque o seu fato, e quanto têm, é comum a todos os da sua casa que querem usar dele; assim das ferramentas que é o que mais estimam, como das suas roupas se as têm, e do seu mantimento; os quais, quando estão comendo, pode comer com eles quem quiser, ainda que seja contrário, sem lho impedirem nem fazerem por isso carranca ([1587] 1971: 313).

SEM F, SEM L, SEM R

Desde Caminha e Vespúcio, e, já vulgarizada a ideia, em 1515 na *Neue Zeitung* (*Nova Gazeta*, apud Holanda [1958] 1977: 106), menciona-se com certa ambivalência — seria o éden? seria a barbárie? — a ausência de jugo político e religioso entre os brasis. A ideia torna-se lugar-comum ao longo do século (por exemplo, Thevet [1558] 1978: 98), mas ganha com Gândavo uma forma canônica em que palavras e coisas se confundem:

> A lingua deste gentio toda pela Costa he huma: carece de três letras — *scilicet*, não se acha nella f, nem l, nem r, cousa digna de espanto, porque assi não têm Fé, nem Lei, nem Rei; e desta maneira vivem sem Justiça e desordenadamente (Gândavo [1570] 1980: 52).

Uma década e meia mais tarde, Gabriel Soares de Souza retoma a fórmula de Gândavo com particular graça:

> Faltam-lhes três letras das do abc, que são f, l, r grande ou dobrado, coisa muito para se notar; porque, se não têm f, é porque não têm fé em nenhuma coisa que adorem; nem nascidos entre os cristãos e doutrinados pelos padres da Companhia têm fé em Deus Nosso Senhor, nem têm verdade, nem lealdade e nenhuma pessoa que lhes faça bem. E se não têm l na sua pronunciação, é porque não têm lei alguma que guardar, nem preceitos para se governarem; e cada um faz lei a seu modo, e ao som da sua vontade; sem haver entre eles leis com que se governem, nem têm leis uns com os outros. E se não têm esta letra r na sua pronunciação, é porque não têm rei que os reja, e a quem obedeçam, nem obedecem a ninguém, nem ao pai o filho, nem o filho ao pai [*sic*], e cada um vive ao som da sua vontade; para dizerem Francisco dizem Pancico, para dizerem Lourenço, dizem Rorenço, para dizerem Rodri-

go dizem Rodigo; e por este modo pronunciam todos os vocábulos em que entram essas três letras (Soares de Souza [1587] 1971: 302).

Na França, onde os mercadores normandos continuam prosperando com o comércio de pau-brasil obtido por escambo com os Tupinambá, essa carência de letras e de jugos não preocupa, mas, ao contrário, faz sonhar. Ronsard, em sua "Complainte contre fortune" de 1559, fala dessa América da Idade do Ouro para onde deseja ir:

Où le peuple incognu
Erre innocemment tout farouche et tout nu
D'habis tout aussi nu qu'il est nu de malice
Qui ne cognoist les noms de vertu, ny de vice,
De Sénat, ni de Roy, qui vit à son plaisir,
Porté de l'apétit de son premier désir.[8]

O Brasil e os brasileiros estão lá em tão alta estima que, em 1550, quando o rei Henrique II e a rainha Catarina de Medici fazem sua entrada triunfal em Rouen, é-lhes oferecida uma festa brasileira. Para a circunstância, trezentos figurantes, entre verdadeiros índios trazidos à França, marinheiros normandos e prostitutas, todos despidos à moda tupinambá, representam cenas de caça, de guerra, de amor, e até de abordagem a um navio português. Os choupos são pintados e carregados de bananas, papagaios e macacos são soltos no arvoredo (Denis 1851). O Brasil é o paraíso terreal.

CÃES, CANIBAIS

Paradoxalmente, a outra imagem que se vulgariza e que se torna emblemática do Brasil é a dos índios como canibais. Em 1540, por exemplo, o mapa de Sebastian Munster, na

Geografia de Ptolomeu, publicada em Basileia, coloca laconicamente, no espaço ainda largamente ignoto entre a boca do Amazonas e a boca do rio da Prata, a palavra *Canibali*, e a ilustra com um feixe de galhos de onde pendem uma cabeça e uma perna (Schwartz & Ehrenberg 1980: 50, il. 18, 45). "São cãis em se comerem e matarem", escreverá Nóbrega (in Leite 1954, v. 2: 321), implicitamente evocando a assimilação que o Renascimento fez entre canibais e cinocéfalos, homens com cabeça de cães, como explica Rabelais no seu glossário do *Quarto livro de Pantagruel*: "*Canibales, peuple monstrueux en Afrique, ayant la face comme chiens et aboyant au lieu de rire*"[9] (Rabelais [1552] 1955: 737). Os canibais são, na verdade, um fantasma, uma imagem, que flutua por muito tempo no imaginário medieval sem lograr ser geograficamente atribuído. Colombo, ao opor os pacíficos antilhanos aos caribes insulares que os devoram, permite uma primeira localização americana desse fantasma, assimilando caribes e canibais numa sinonímia que irá perdurar, no século XVIII, até a *Enciclopédia*.[10]

ANTROPÓFAGOS, MAS NÃO CANIBAIS

Os Tupi, no entanto, não são canibais, e sim antropófagos: a distinção, que é, num primeiro momento, léxica e, mais tarde, quando os termos se tornam sinônimos,[11] semântica, é crucial no século XVI, e é ela que permitirá a exaltação do índio brasileiro. A diferença é esta: canibais são gente que se *alimenta* de carne humana; muito distinta é a situação dos Tupi, que comem seus inimigos por *vingança*.

É assim que Pigafetta distingue os brasileiros, que são antropófagos, dos canibais imediatamente ao sul (Pigafetta [1524?] 1985). Thevet, que assimila canibais, caribes insulares das Antilhas e possivelmente os Caeté ou os Potiguara, escreve:

Os canibais, cujas terras vão do Cabo de Santo Agostinho às proximidades do Marinhão, são os mais cruéis e desumanos de todos os povos americanos, não passando de uma canalha habituada a comer carne humana do mesmo jeito que comemos carne de carneiro, se não até com maior satisfação (Thevet [1558] 1978: 199).

Thevet chega a declarar que os "canibais" alimentam-se exclusivamente de carne humana (id. ibid.: 100). Mas os Tupinambá, se comem os inimigos, "fazem isto, não para matar a fome, mas por hostilidade, por grande ódio" (Staden [1557] 1974: 176).

Quanto a Américo Vespúcio, o primeiro a falar da instituição entre os Tupi, uma leitura desatenta poderia sugerir que ele esteja relatando uma antropofagia alimentar. O que ele diz, no entanto, falando da dieta variadíssima dos índios (ervas, frutas ótimas, muito peixe, mariscos, ostras, camarões e caranguejos), é que, quanto à carne, por não terem cachorros que os ajudem na caça, a que mais comem é carne humana (Américo Vespúcio a Lourenço de Medici, Lisboa, outono de 1501, in D'Olwer 1963: 542). Um ano antes, em outra carta, relatando sua viagem à ilha de Trinidad, Vespúcio havia falado, aí sim, dos *canibais que vivem de carne humana* (Américo Vespúcio a Lourenço de Medici, Sevilha, 18/07/1500, in D'Olwer 1963: 43).

A antropofagia, nisso não se enganaram os cronistas, é a instituição por excelência dos Tupi: é ao matar um inimigo, de preferência com um golpe de tacape que lhe quebre a cabeça, no terreiro da aldeia, que o guerreiro recebe novos nomes, ganha prestígio político, acede ao casamento e até a uma imortalidade imediata. Todos, homens, mulheres, velhos e crianças, além de aliados de outras aldeias, devem comer a carne do morto. Uma única exceção a essa regra: o matador não come sua vítima. Comer é o corolário necessário da morte no terreiro, e as duas práticas se ligam: "Não se têm por vingados com os matar sinão com os comer" (Antonio Blázquez a Loyola, Bahia, 1557, in Navarro et al. 1988: 198). Morte ritual e antropofagia são o nexo das sociedades tupi.[12]

São esses canibais que conhecerão com Montaigne uma consagração duradoura. Tornam-se a má consciência da civilização, seus juízes morais, a prova de que existe uma sociedade igualitária, fraterna, em que o *meu* não se distingue do *teu*, ignorante do lucro e do entesouramento, em suma, a da Idade de Ouro. Suas guerras incessantes, não movidas pelo lucro ou pela conquista territorial, são nobres e generosas. Regidos pelas leis naturais ainda pouco corrompidas, estão próximos de uma pureza original e atestam que é possível uma sociedade com *"peu d'artifice et de soudeure humaine"*.[13] Em uma passagem que Shakespeare retomará na sua *Tempestade*, Montaigne resume essas virtudes:

> *C'est une nation... en laquelle il n'y a nulle espèce de trafique; nulle cognoissance de lettres; nulle science des nombres; nul nom de magistrat, ny de supériorité politique; nul usage de service, de richesse ou de pauvreté; nuls contracts; nulles successions; nuls partages; nulles occupations qu'oysives; nul respect de parenté que commun; nuls vestemens; nulle agriculture; nul métal; nul usage de vin ou de bled. Les paroles mesmes qui signifient le mensonge, la trahison, la dissimulation, l'avarice, l'envie, la détraction, le pardon, inouïes* (Montaigne [1580] 1952: 235-36).[14]

Até sua culinária é sem artifícios! Esse resumo das virtudes dos canibais, com seus lapsos evidentes — a agricultura, por exemplo, existe entre os Tupi[15] — não é um discurso de etnólogo e sim de moralista, e como tal deve ser entendido: constitui o advento de uma duradoura imagem, a do selvagem como testemunha de acusação de uma civilização corruptora e sanguinária. Não é fortuito que Montaigne, no fim de seu ensaio, mencione as objeções que ouviu de três índios brasileiros com quem o jovem rei Carlos IX (que entrava em

Rouen, em 1562, após ter sido subjugada a rebelião da cidade) conversou. Os índios, conta Montaigne, estranhavam que homens feitos obedecessem a uma criança — o rei. E estranhavam também que existissem na mesma sociedade ricos e mendigos (id. ibid.: 243-44).

SEMELHANÇAS, DESSEMELHANÇAS

Procuram-se, de um lado, semelhanças, continuidades. Os índios são humanos, ninguém que os tenha visto o põe em dúvida no século XVI: a bula de Paulo III em 1534 que o afirma serve menos provavelmente para dissipar dúvidas a respeito do tema do que para reivindicar a jurisdição da Igreja sobre suas almas e uma parcela do globo. Com o Novo Mundo descobre-se também uma Nova Humanidade. Resta o problema crucial de inseri-la na economia divina, o que implica inseri-la na genealogia dos povos. Para isso, não há outra solução senão a da continuidade, senão abrir-lhe um espaço na cosmologia europeia. Porque a humanidade é por definição uma só, os habitantes do Novo Mundo descendem necessariamente de Adão e Eva, e portanto de um dos filhos de Noé, provavelmente do maldito, Cam, aquele que desnudou seu pai — razão, especula Nóbrega, da nudez dos índios —; como camitas e descendentes de Noé, os Tupi da costa guardariam aliás uma vaga lembrança do dilúvio — "sabem do dilúvio de Noé, bem que não conforme a verdadeira história" (Nóbrega [1549-60] 1988: 91) —, suficiente no entanto, para atestar sua origem.[16] E porque não poderiam ter ficado à margem da Boa Nova, teriam sido visitados pelo apóstolo Tomé, que seria lembrado (e cujas pegadas Nóbrega teria ido ver em 1549, na Bahia, gravadas na pedra) sob o nome levemente deturpado de Sumé ou Zomé (id. ibid.: 78, 91, 101).[17] Há aí, claramente, toda uma problemática de confluência, em que a mitologia tupi de Sumé e do dilúvio é interpretada como vestígio, confuso e distorcido, de uma origem e de um conhecimento comuns à humanidade. A essa reciclagem do mito de Sumé, já evocada desde 1515 na *Neue Zeitung*,[18] e que visa tornar inteligível e teologicamente aceitável para os jesuítas uma situação totalmente inédita, corresponderá, por parte dos índios, uma tentativa análoga de achar lugar para os recém-chegados em sua cosmologia, atribuindo-lhes inicialmente o lugar de caraíbas, ou seja, de profetas (Thevet [1558] 1978: 100), que Hans Staden saberá usar, quando prisioneiro dos Tupinambá, para salvar a pele.

Por outro lado, na França e, mais como eco, na Inglaterra, as viagens, ou melhor, os relatos de viagens, darão início a uma reflexão humanista sobre a dessemelhança. Para que haja comparabilidade, no entanto, é necessário postular um fundo de semelhança: pois a reflexão renascentista é muito menos uma tentativa de compreender o outro do que de se ver a si mesmo "em perspectiva", de se compreender a si mesmo em um mundo cuja ordem, com as guerras de religião, passou a ser relativa. O "selvagem" que Jean de Léry põe em cena e que é um dos únicos personagens tupi "falantes" do século, por mais real que seja sua fala — e a tradução interlinear que Léry fornece do diálogo atesta sua veracidade —, é não obstante figura de retórica, contraponto positivo de todos os horrores que o huguenote perseguido quer denunciar em sua França natal (Lestringant 1983). Shakespeare, com seu infame Caliban, anagrama de canibal e tão retórico quanto o Tupinambá de Léry, só inverte os valores, sem inverter os personagens, e cria assim um anagrama semântico ao índio de Montaigne.

Muito diversa é a reflexão dos jesuítas sobre os mesmos temas. Gestores de almas, o que os preocupa não é a crítica virtual que a diferença pode introduzir e sim o estatuto a ser dado ao que, inversamente, parece semelhante. Reflexão cuidadosa de quem não se pode deixar enganar e que imputa à semelhança um caráter potencialmente ilusório. Ilusão que provém do grande deceptor, o Demônio, que faz da semelhança um arremedo: as santidades, santos ou caraíbas, profetas tradicionais que assumem, no processo colonial, aspectos milenaristas, são obra de inspiração sua (Cardim [1625] 1980: 87-88; Manoel da Nóbrega aos padres de Coimbra, Bahia, agosto de 1549, in Leite 1954 v. 1: 150-51). Há nas santidades uma competição implícita pela liderança espiritual e material. Mas há também um esforço notável, simétrico ao dos missionários, de abranger o dessemelhante, de incorporar e tornar inteligíveis os estrangeiros e suas crenças.

Colocada sob suspeita e passada ao crivo dos valores que encerra, a semelhança passa a não ser percebida: em 1554, dois irmãos da Companhia, Pero Correia e João de Souza, são mortos a flechadas pelos Carijó, que teriam sido incitados por um espanhol. Os irmãos, relata Anchieta de segunda mão, aceitam seu martírio com força de alma: todos os missionários anseiam por fecundar com seu sangue a seara de almas que está sendo plantada — o *tópos* é recorrente, por exemplo em Anchieta e em Nóbrega. "Não foi pequena", escreve Anchieta ao relatar a morte dos irmãos a Santo Inácio de Loyola, "a consolação que recebemos de morte tão gloriosa, desejando todos ardentemente e pedindo a Deus com orações contínuas morrer deste modo" (José de Anchieta a Inácio de Loyola, São Vicente, fim de março de 1555, in Anchieta [1553-84] 1984: 98). A descrição e os anseios encontram paralelos claros na descrição da morte ideal do guerreiro tupi. Digna do guerreiro, só a morte cerimonial nas mãos dos inimigos, após um enfrentamento em que se ressaltam a dignidade e a altivez de quem vai morrer. A única sepultura almejada é o estômago dos inimigos:

> Até os cativos julgam que lhes sucede nisso coisa nobre e digna, deparando-se-lhes morte tão gloriosa, como eles julgam, pois dizem que é próprio de ânimo tímido e impróprio para a guerra

morrer de maneira que tenham de suportar na sepultura o peso da terra, que julgam ser muito grande (José de Anchieta a Inácio de Loyola, São Paulo de Piratininga, 1/9/1554, ibid.: 74).

Esse trecho faz parte de carta escrita por Anchieta a Santo Inácio apenas seis meses antes da outra, e a semelhança com o martírio dos irmãos jesuítas chama nossa atenção, mas não a de Anchieta: mesmas cenas, mesmo ânimo, mesma crença no valor de tal morte. Mas são valores diferentes, e essa diferença cega o jesuíta, incapaz de perceber a estrita semelhança entre as cenas que descreve.

O ÍNDIO DOS JESUÍTAS

Há vários gêneros na literatura jesuítica do período, e, talvez com exceção da lírica, todos eles pedagógicos. Há as cartas a que já nos referimos, que, mais do que simples relatos, são também assunto para reflexão e estudo na metrópole. Há o dicionário e o catecismo de Anchieta. Há o teatro, ainda de Anchieta, que pretende fornecer ao índio uma nova autoimagem. Há por fim uma peça bastante extraordinária pelo realismo de pelo menos sua primeira parte, que é o *Diálogo da conversão do gentio*, em que Nóbrega põe em cena as dúvidas e os preconceitos dos missionários, deixando perceber que a visão jesuíta dos índios não é homogênea. Ele próprio, aliás, parte de uma posição humanista e letrada para chegar a um pragmatismo de administrador: comparem-se as cartas de 1549, ano da chegada de Nóbrega ao Brasil, em que louva aos índios por não entesourarem riquezas e partilharem seus bens, e por "em muitas coisas, guardarem a lei natural" (Nóbrega [1549-60] 1988: 100), com as cartas desencantadas dos anos subsequentes. O *Diálogo da conversão do gentio* é escrito por Nóbrega na Bahia em 1556 e 1557 e põe em cena dois jesuítas, que não são padres, e sim irmãos, e que representam a voz corrente entre os menos graduados da Companhia de Jesus. Um dos irmãos é pregador, outro ferreiro, e Nóbrega acaba evangelicamente dando ao ferreiro o papel de maior sabedoria. A conclusão de Nóbrega é otimista — não há por que os missionários desesperarem da conversão dos índios — mas a discussão inicial que ele imputa aos dois irmãos é reveladora de um hiato entre uma visão "vulgar" do missionário e uma versão teologicamente elaborada. O gentio não tem rei, se o tivera, seria possível converter reinos, como se dera no tempo dos apóstolos, como se dava então na América espanhola e se estava tentando no Oriente.[19] A conversão portanto era, forçosamente, de natureza individual. Mas os gentios careciam de fé, não adoravam coisa alguma. Como não se apegavam a velhos ídolos, tampouco se aferravam à nova fé: "Sabeis qual hé a mor dificuldade que lhes acho? Serem tãm fáciles de diserem a tudo si ou pâ, ou como vós quizerdes; tudo aprovão logo, em com a mesma facilidade com que dizem pâ (sim), dizem ani (não)" (Nóbrega in Leite 1954, v. 2: 322). Daí sua inconstância: "Com um anzol que lhes dê, os converterei a todos, com outro os tornarei a desconverter, por serem inconstantes, e não lhes entrar a verdadeira fee no coração" (id. ibid: 320). Falta aos gentios a lei que os tornaria "políticos", membros de uma sociedade civil que lhes conferiria a "razão", extirpando-lhes a rudeza e a bestialidade em que vivem. Esse diagnóstico cru de que os índios carecem de rei, de lei e de razão é o mesmo que o irmão Antonio Blázquez expõe sem rodeios teológicos em carta de 1555 aos irmãos de Coimbra.

> *O Hermanos míos en Jesú Christo charíssimos, quántas lágrimas derramarían vuestros ojos si viéssedes estas criaturas de Dios vivir quassi a manera de vestias* [quase à maneira de bestas] *sin rey, sin ley y sin razón, encarniçados en comer carne humana y tan embebidos en esta bruteza que antes consentirán*

> *perder quanto tienen que dar un negro contrario, que tienen determinado de comer.*[20] *Entre ellos no ay amor ni lealtad. Véndense unos a otros estimando más una cuña o podón que la libertad de un sobrino o pariente más cercano que truecan por hierro, y es tanta su misseria que a las vezes se lo cambian por un poco de hariña.*[21] *No tienen a quien obedezcan sino a sus próprias voluntades, y de aquí es que hazen quanto se les antoja encinándose con ellas a vicios sucíssimos y tan torpes, que tengo por mejor callarlos debaxo de silencio que escriviendo descubrir maldades tan enormes* (Antonio Blázquez, Bahia, 8/7/1555, in Leite 1954, v. 2: 252).[22]

A esse retrato negro e cheio de contradições da torpeza e da bestialidade dos índios, pode-se opor o discurso ainda humanista de Nóbrega, que contrasta os filósofos empedernidos da Antiguidade aos índios que apenas infringem a bagatela de dois ou três mandamentos e de resto "entre si vivem mui amigavelmente". Em suma, resume Nóbrega,

> sua bem-aventurança é matar e ter nomes, e esta é sua glória por que mais fazem. À lei natural, não a guardam porque se comem; são muito luxuriosos, muito mentirosos, nenhuma coisa aborrecem por má, e nenhuma louvam por boa; têm crédito em seus feiticeiros (Nóbrega in Leite 1954, v. 2: 344-45).

Eis tudo.

Sem fé, mas crédulos: os jesuítas imputam aos índios uma extrema credulidade, e a coisa é só aparentemente contraditória. No fundo, a fé é a forma centralizada da crença, excludente e ciumenta. A carência de fé, de lei, de rei e de razão política não são senão avatares de uma mesma ausência de jugo, de um nomadismo ideológico que faz *pendant* à atomização política. A credulidade é uma forma de vagabundagem da fé. É por isso que a sujeição tem de se dar em todos os planos ao mesmo tempo; nisso parecem convergir afinal tanto os jesuítas, quanto os colonos e os administradores. A sujeição política é a condição da sujeição religiosa.

Seja como for, entre "feiticeiros" e jesuítas instaura-se desde cedo uma concorrência, que se trava curiosamente no terreno ora de uns ora de outros: ou seja, os jesuítas competem em curas e milagres com os xamãs, arvorando-se em xamãs mais poderosos (por exemplo, Azpicuelta Navarro, Carta da Bahia, 1550, in Navarro *et al.* 1988: 76), enquanto os xamãs desafiam aos padres: um caraíba, em 1550, afirma que transformaria a todos em pássaros, destruiria a igreja e o engenho, e a lagarta das roças que os padres não destruíam, ele a eliminaria (Manoel da Nóbrega a Torres, Bahia, 5/7/1559, in Leite 1954, v. 3: 53). É notável que os padres, embora muito mais céticos do que será o padre Montoya no século XVII, não contestam necessariamente aos feiticeiros a realidade de suas curas, milagres e prodígios, contestam-lhes sim a fonte desses poderes sobrenaturais, que não viriam de Deus, senão do demônio.

Em demônios ou espíritos — os *anhang* —, pelo menos, à falta de crerem em Deus, os índios acreditam (Staden [1557] 1974: 158), e, sem grandes hesitações, os europeus também (Thevet [1558] 1978: 115; Léry [1578] 1972: 159-60; Cardim [1625] 1980: 87). De Bry, a partir de xilogravura da edição original de Jean de Léry, difunde a imagem de índios atormentados constantemente por esses demônios. E Anchieta chega a montar todo o seu teatro destinado aos catecúmenos indígenas em cima de um roteiro único, em que vários demônios (entre os quais faz às vezes irreverentemente figurar seus próprios inimigos como o tupinambá Aimberê, que o manteve prisioneiro) tentam impedir as almas de chegarem ao céu. Numa das versões, inspirado, Anchieta encena o ritual máximo da antropofagia tupi: um principal quebra a cabeça a um diabo — o Macaxera — e sobre ela toma novo nome — *Anhangupiara* —, ou seja, inimigo de *Anhang*:

Pronto! Matei Macaxera!
Já não existe o mal que era...
Eu sou Anhangupiara!
 (Anchieta [1589] 1977: 244)

LUXURIOSOS, SODOMITAS

A sexualidade indígena, como é de se prever, suscitou grande interesse tanto entre cronistas filosofantes quanto entre gestores de almas. Jean de Léry sustenta, segundo seu uso, que, em matéria de lascívia, os europeus são piores que os brasileiros (Léry [1578] 1972: 177). Os costumes matrimoniais, a poliginia associada ao prestígio guerreiro, o levirato, o avunculado — ou seja, o privilégio de casamento do tio materno sobre a filha da irmã —, a liberdade pré-nupcial contrastando com o ciúme pela mulher casada e o rigor com o adultério, a hospitalidade sexual praticada com aliados mas também com os cativos, a iniciação sexual dos rapazes por mulheres mais velhas, os despreocupados casamentos e separações sucessivos, tudo isso era insólito. Os jesuítas se debruçarão com especial cuidado sobre esses costumes (ver, por exemplo, Anchieta 1846), e isso por uma razão prática: tratava-se de construir famílias cristãs com os neófitos indígenas. Para tanto, era preciso reconhecer a verdadeira esposa entre as múltiplas esposas, sucessivas ou concomitantes, ou seja, a primeira que havia sido desposada com ânimo de ser vitalícia. Por outro lado, as regras de aliança dos índios contrariavam os impedimentos canônicos, e os missionários logo são levados a pedirem dispensas ao papa dos impedimentos pelo menos de terceiro e quarto graus.

Quanto à sodomia, fazia parte dos grandes tabus europeus e, na América, parece estar sempre associada ao canibalismo, como se houvesse equivalência simbólica entre se alimentar do mesmo e coabitar com o mesmo. Essa correspondência entre antropofagia e homossexualismo é discernível entre outros em Michele de Cuneo, Cortés e Oviedo: significativamente, as duas acusações são rechaçadas em conjunto por Las Casas (Gerbi [1975] 1978: 48-49, 118, 412, 424). No Brasil, sua existência, como entre os portugueses — haja vista a Inquisição —, é certa, mas seu estatuto moral entre os índios é incerto. Jean de Léry e Thevet mencionam-na para dizer que é reprovada pelos índios (Léry [1578] 1972: 17 4; Thevet [1575] 19 53: 137). Os jesuítas, curiosamente, não parecem falar dela. Mas o colono Gabriel Soares de Souza, já para o fim do século, carrega nas tintas:

> São os Tupinambo, tão luxuriosos que não há pecado de luxúria que não cometam [...] são muito afeiçoados ao pecado nefando, entre os quais se não têm por afronta; [...] e nas suas aldeias pelo sertão há alguns que têm tenda pública a quantos os querem como mulheres públicas ([1587] 1971: 308).

OUTRAS NAÇÕES DE ÍNDIOS

Aos poucos vão se conhecendo, sobretudo terra adentro, outras "castas de gentio". Na década de 1580, Gabriel Soares de Souza e o então visitador jesuíta Fernão Cardim fornecem inventários dessas outras etnias. Um dos atributos que é repartido entre elas é sintomático da colonização: as nações são leais ou traiçoeiras, o que supõe sua inserção na rede de alianças coloniais e deixa transparecer uma política indígena, com estratégias próprias, fazendo uso da política indigenista.

Mas, no século XVI, ainda prevalece uma visão que adere estreitamente ao etnocentrismo tupi. Denuncia-se assim a inaudita selvageria dos Aimoré de Porto Seguro e de Ilhéus: "São estes aimorés tão selvagens que, dos outros bárbaros são havidos por mais que bárbaros" (id. ibid.: 79). São nômades, não se lhes conhecendo aldeias. Não plantam roças e vivem de caça e coleta de frutos silvestres; sua fala é travada e não é passível de escrita. São traiçoeiros e não enfrentam os inimigos em campo aberto, senão lhes armam ciladas. Comem sua caça crua ou mal assada, omofagia que prenuncia o que constitui o paroxismo da selvageria, sua antropofagia alimentar (id. ibid.), tema crucial que tratamos acima. Distingue-se assim um canibalismo de vingança — o dos Tupi — e um canibalismo alimentar, dos bárbaros Aimoré, dos Oitacá, e alguns mais. Uns seguem à risca um ritual elaborado e, se comem carne humana, "não é por gosto ou apetite que a comem" (Pigafetta [1524?] 1985: 58) mas por vingança. Os outros apenas comem para se alimentar: "Comem estes selvagens carne humana por mantimento, o que não tem o outro gentio que a não come senão por vingança de suas brigas e antiguidade de seus ódios" (Soares de Souza [1587] 1971: 79).

Reencontram-se aqui as oposições clássicas, entre uma antropofagia nobre, de vingança, e o apetite bestial por carne humana cujo paradigma são os citas nórdicos de Heródoto. A antropofagia e suas modalidades serão, no século XVI, um tema quase obsessivo e que servirá de operador para as grandes cisões do século. Os casos de antropofagia alimentar e de crueldades inauditas durante as guerras de religião, na França, ou na conquista espanhola das Américas, são rememorados acusatoriamente por católicos e protestantes. De um lado como de outro, publicam-se cenas de esquartejamento e suplícios atribuídos ora a calvinistas, ora a católicos. Dentro da selvageria em que a França se encontra imersa, é como se a antropofagia tupinambá figurasse como a forma mais civilizada dentro do gênero.

Em 1500, Caminha viu "gente" em Vera Cruz. Falava-se então de homens e mulheres. O escambo povoou a terra de "brasis" e "brasileiros". Os engenhos distinguiram o "gentio" insubmisso do "índio" e do "negro da terra", que trabalhavam. Os franceses, que não conseguiram se firmar na terra, viram "selvagens".

Pelo fim do século, estão consolidadas, na realidade, duas imagens de índios que só muito tenuamente se recobrem: a francesa, que o exalta, e a ibérica, que o deprecia. Uma imagem de viajante, outra de colono.

NOTAS

1   Uma excelente análise desses antecedentes e de sua repercussão encontra-se no livro clássico de Sérgio Buarque de Holanda, *Visão do paraíso* ([1958] 1977).
2   "*Encontramos que la tierra estaba habitada de gente toda ella desnuda, así los hombres como las mujeres, sin cubrirse ninguna verguenza. Son de cuerpo bien dispuestos y proporcionados, de color blanco*" [Encontramos que a terra estava habitada de gente toda ela desnuda, tanto os homens como as mulheres, sem cobrir nenhuma vergonha. São de corpo bem-dispostos e proporcionados, de cor branca] — Colombo dizia-os brancos também, mas Caminha dizia-os pardos e Vespúcio havia dito em 1500 "*de color pardo y leonado*" [de cor parda e fulva] aos habitantes do caribe — "*de cabellos negros y de poca o ninguna barba*" (Américo Vespúcio, "Carta a Lourenço de Medici", Lisboa, outono de 1501, in D'Olwer 1963: 541).
3   Caminha não usa a palavra "selvagem". O termo é usado pelos franceses Thevet e Léry, e é glosado por Montaigne: "*Ils sont sauvages, de mesme que nous appellons sauvages les fruicts que nature, de soy et de son progres ordinaire, a produicts: là, où à la vérité, ce sont ceux que nous avons alterez par nostre artifice et detournez de l'ordre commun, que nous devrions appeller plutost sauvages* [eles são selvagens, do mesmo modo que chamamos selvagens os frutos que a natureza, por si e pelo seu progresso ordinário, produziu: assim, na verdade, eles são aquilo que nós temos alterado pelo nosso artifício e desviado da ordem comum, que deveríamos chamar propriamente selvagens] (Montaigne [1580] 1952: 234). Inversão típica que Rousseau retomará: a selvageria não antecede a civilização, ao contrário, é seu produto, por ser corrupção e desvio do curso espontâneo da natureza.
4   A palavra "índios" é aqui usada anacronicamente: ela parece começar a ser empregada por meados do século aparentemente para designar os indígenas submetidos (seja aldeados, seja escravizados), por oposição ao termo mais geral "gentio", que designa os indígenas independentes. Caminha e Vespúcio dizem "gente", "homens" e "mulheres". Ao longo do século, usam-se para designar as etnias os termos "gerações", "nações" e "linhagens". Pela metade do século, começa-se também a empregar a expressão "negro da terra" por escravo — além dos termos tradicionais "gentio", "brasil" e "brasileiro".
5   "São gente que vive muitos anos, porque, de acordo com suas descen-

dências, conhecemos muitos homens que têm até a quarta geração de netos. Não sabem contar os dias nem o ano nem os meses, salvo que medem o tempo por meses lunares, e, quando querem mostrar a idade de alguma coisa, mostram-no com pedras, pondo por cada lua uma pedra, e encontrei um homem dentre os mais velhos que me assinalou com pedras haver vivido 1.700 luas, que me parece que são 130 anos, contando treze luas por ano." Até Jean de Léry ([1578] 1972:73) ainda se fala da longevidade dos brasileiros.

6   Os jesuítas, por motivos teológicos e jurídicos, prestarão grande atenção, meio século mais tarde, aos usos matrimoniais e às crenças dos índios. Sua busca, como veremos, vai no sentido de encontrar, pelo menos em embrião, instituições ou crenças sobre as quais se possam assentar costumes cristãos: são eles que atestam, contrariando Vespúcio, a crença tupi na imortalidade da alma.

7   No livro *Meu destino é ser onça* (2008), Alberto Mussa fez um trabalho notável de restituição do aporte de Thevet à mitologia tupinambá seiscentista. Thevet conseguiu uma consagração invejável: nomeado "cosmógrafo do rei", conservador do "Cabinet" do rei, ou seja, um museu de curiosidades, ele foi comparado por Ronsard a Ulisses, aliás mais do que Ulisses, por ter visto e por ter descrito o que viu: *"Ainsi tu as sur luy un double d'avantage, C'est que tu as plus vue, et nous a ton voyage/ Escrit de ta main propre et non pas luy du sien"* [Assim, você tem sobre ele (Ulisses) uma dupla vantagem, a de ter visto mais e nos ter escrito sua viagem pela sua própria mão e não ele (Ulisses), (da viagem) dele] (apud Broc 1984:153). Mas Montaigne publica, nos seus "Canibais", um trecho ferino provavelmente dirigido a Thevet, preferindo-lhe seu próprio informante, o normando seu empregado que havia passado de dez a doze anos na França Antártica: *"Ainsi je me contente de cette information, sans m'enquérir de ce que les cosmographes en disent"* [Assim, contento-me com essa informação, sem indagar o que dizem os cosmógrafos] (Montaigne [1580] 1952: 233-34).

8   "Onde o povo desconhecido/ Vagueia inocentemente todo arisco e todo nu/ De vestimentas quanto nu de malícia/ Que não conhece as palavras virtude, nem vício,/ Senado, nem Rei, que vive a seu bel-prazer,/ Portador do apetite de seu primeiro desejo."

9   "Canibais, povo monstruoso da África, têm a face como a de cães e ladram em vez de rir."

10 O verbete "canibais" na *Grande Encyclopédie* figura com a seguinte redação: "*Cannibales — voyez Caraibes ou Cannibales: Sauvages insulaires de l'Amérique qui possèdent une partie des les Antilles, tristes, rêveurs, paresseux [...] vivant communêment un siècle [...] Ils mangent leurs prisonniers rôtis et en envoient les morceaux à leurs amis...*" [canibais — ver Caraíbas ou Canibais: Selvagens insulares da América que possuem uma parte das Antilhas, melancólicos, sonhadores, preguiçosos [...] vivem comumente um século [...] Eles comem seus prisioneiros assados e enviam os bocados a seus amigos].

11 Segundo Michèle Duchet ([1971] 1977: 38), a sinonímia entre canibais

e antropófagos vulgariza-se a partir de Montaigne. Mesmo depois de assimiladas as duas palavras, porém, a diferença que encerravam permanece, com a mesma conotação moral.

12 Há uma extensa literatura a respeito da morte guerreira e do canibalismo tupinambá, instituição central dessa sociedade. Para análises, ver por exemplo Métraux [1928] 1967, Fernandes [1949] 1963 e H. Clastres 1972, e Manuela Carneiro da Cunha e Eduardo Viveiro de Castro em *Vingança e temporalidade*, 1995.

13 "pouco artifício e solda humana".

14 "É uma nação [...] na qual não há nenhuma espécie de tráfico; nenhum conhecimento de letras; nenhuma ciência de números; nenhum nome de magistrado, nem de superioridade política; nenhum uso de serviço, de riqueza ou de pobreza; nenhum contrato; nenhuma sucessão; nenhuma partilha; nenhuma ocupação sequer ociosa; nenhuma consideração de parentesco e de povo; nenhum vestuário; nenhuma agricultura; nenhum metal; nenhum uso de vinho ou de trigo. Até as palavras que significam a mentira, a traição, a dissimulação, a avareza, a inveja, a detração, o perdão, inexistem." Compare-se a versão de Shakespeare (de 1611), na tirada de Gonzalo na *Tempestade* (ato II, cena I):

> I 'the commonwealth I would by contraries/ Execute all things; for no kind of traffic/ Would I admit; no name of magistrate;/ Letters should not be known; riches, poverty,/ And use of service none; contract, succession,/ Bourn, bound of land, tilth, vineyard, none;/ No use of metal, corn, or vine, or oil;/ No occupation; all men, idle all;/ And women too, but innocent and pure;/ No sovereignty.../ All things in common nature should produce/ Without sweat or endeavour: treason, felony/ Sword, pike, knife, gun or need of any engine/, Would I not have; but nature should bring forth,/ Of its own kind, all foison, all abundance,/ To feed my innocent people.

15 Essa "primitivização" do tupi, com eliminação sistemática da referência à sua agricultura, percorre o século XVI: Pero Vaz de Caminha poderia não tê-la observado nos curtos dias que passou na costa, mas Vespúcio e Pigafetta não a mencionam tampouco. Mais deliberadamente ainda, as gravuras com que Theodor de Bry ilustra o relato de Hans Staden omitem detalhes de agricultura que figuravam nas xilogravuras em que se inspirou, como observa Bucher (1977: 56).

16 Sobre a lembrança e as versões do dilúvio, ver entre outros Staden [1557] 1974: 17 4; Léry [1578] 1972: 165-66; Thevet [1575] 1953: 39--40,43-45.

17 O mito missionário de Sumé e, no Peru, de Pay Tumé, amplia-se, como bem observa Sérgio Buarque de Holanda, em estudo magistral que lhe explicita as raízes e os desdobramentos, quando passa para as colônias espanholas. No Brasil, avalia Sérgio Buarque, a história "não passa, se tanto, de um mito vagamente propedêutico" (Holanda [1958] 1977: 125).

18 Esse relato (*Neue Zeitung*), publicado em 1515 e baseado em expedição

do ano anterior, já menciona entre os brasis a "recordação de são Tomé", suas pegadas e suas cruzes, expandindo assim a lenda de são Tomé, originalmente apóstolo das Índias Orientais (Holanda [1958] 1977: 104-ss).

19 A questão da lei e da sujeição é ponto de algumas hesitações por parte dos jesuítas. Ora declaram que de nada vale serem os índios cristãos por força e gentios na vida e nos costumes, ora mais frequentemente desabafam como Anchieta: "Não se pode portanto esperar nem conseguir nada em toda esta terra na conversão dos gentios, sem virem para cá muitos cristãos, que conformando-se a si e a suas vidas com a vontade de Deus, sujeitem os índios ao jugo da escravidão e os obriguem a acolher-se à bandeira de Cristo" (José de Anchieta a Inácio de Loyola, São Vicente, fim de março de 1555, in Leite 1954, v.2: 207). Nóbrega acaba por optar pela sujeição, que é posta em prática pelo governador Mem de Sá.

20 Referência à resistência dos índios a venderem como escravos aos portugueses os prisioneiros destinados a serem ritualmente mortos em terreiro.

21 Essa passagem, que parece contradizer a frase anterior, é uma referência à questão de venda de si mesmo e dos seus filhos em escravidão, praticada em momentos de penúria, e que deu origem a uma discussão jurídica em que os jesuítas tomaram parte (Manuela Carneiro da Cunha, 1985, "Sobre a servidão voluntária: outro discurso. Escravidão e contrato no Brasil colonial", *Dédalo* nº 23, 1985).

22 "Ó irmãos meus em Jesus Cristo caríssimos, quantas lágrimas derramariam vossos olhos se vísseis essas criaturas de Deus viver quase à maneira de bestas, sem rei, sem lei e sem razão, encarniçados em comer carne humana e tão embebidos nessa bruteza que antes consentirão perder quanto têm que dar um negro contrário, que têm determinado de comer. Entre eles não há amor nem lealdade. Vendem-se uns a outros estimando mais uma cunha ou podão que a liberdade de um sobrinho ou parente mais próximo que trocam por ferro, e é tanta sua miséria que às vezes o trocam por um pouco de farinha. Não têm a quem obedeçam senão a suas próprias vontades, e assim é que fazem quanto lhes apetece ensinando-se com elas vícios sucíssimos e tão torpes, que tenho por melhor calá-los debaixo de silêncio que, escrevendo, descobrir maldades tão enormes."

POLÍTICA INDIGENISTA NO SÉCULO XIX*

* Publicado originalmente em *História dos índios no Brasil*, Companhia das Letras, 1992.

Um lembrete, à guisa de preâmbulo: neste texto, que reproduz em grande parte a introdução à compilação das leis indigenistas do século XIX (Carneiro da Cunha, 1992), largo uso da legislação. Outros autores preferiram se apoiar nos relatórios de presidentes das províncias e em relatos de viajantes. Pareceu-nos no entanto que, por violadas que tenham sido, as leis expressam por excelência e até em suas contradições o pensamento indigenista dominante da época. Não se pense, é claro, que se possam confundir com o que realmente ocorreu: o que ocorreu é o que está registrado na literatura.

O século XIX é um século heterogêneo, o único que conheceu três regimes políticos: embora dois terços do período se passem no Império, ele começa ainda na Colônia e termina na República Velha. Inicia-se em pleno tráfico negreiro e termina com o início das grandes vagas de imigrantes livres. É, como se sabe, um período de tensões entre oligarquias locais e surtos de centralização do poder. É também um século em que o Brasil, à sua maneira, se moderniza: à sua maneira, porque o poder e os privilégios pouco mudam.

Não só o século, o país também é heterogêneo: áreas de colonização antiga contrastam com frentes de expansão novas. O Sudeste e, um pouco mais tarde, a Amazônia, conhecem uma riqueza inédita.

A política indigenista do período leva a marca de todas essas disparidades. Mas, para caracterizar o século como um todo, pode-se dizer que a questão indígena deixou de ser essencialmente uma questão de mão de obra para se tornar uma questão de terras. Nas regiões de povoamento antigo, trata-se mesquinhamente de se apoderar das terras dos aldeamentos. Nas frentes de expansão ou nas rotas fluviais a serem estabelecidas, faz-se largo uso, quando se o consegue, do trabalho indígena, mas são sem dúvida a conquista territorial e a segurança dos caminhos e dos colonos os motores do processo. A mão de obra indígena só é ainda fundamental como uma alternativa local e transitória diante de novas oportunidades. É o caso da extração da borracha natural da Amazônia ocidental enquanto não se estabeleceu a imigração de trabalhadores nordestinos.

Outra característica do século XIX é o estreitamento da arena em que se discute e decide a política indigenista. Se durante quase três séculos ela oscilava em função de três interesses básicos, o dos moradores, o da Coroa e o dos jesuítas, com a vinda da corte portuguesa para o Brasil, em 1808, a distância ideológica entre o poder central e o local encurta-se na proporção da distância física. Desde 1759, quando o marquês de Pombal havia expulsado os jesuítas, nenhum projeto ou voz dissonante se interpunha no debate: quando missionários são reintroduzidos no Brasil, na década de 1840, ficarão estritamente a serviço do Estado. Os grupos indígenas, sem representação real em nível algum, só se manifestam por hostilidades, rebeliões e eventuais petições ao imperador ou processos na Justiça. Assim, a questão indígena acaba sendo função apenas da maior ou menor centralização política do momento, e a desenvoltura do poder local aumenta na razão direta da distância da corte.

Porque é fundamentalmente um problema de terras e porque os índios são cada vez menos essenciais como mão de obra, a questão indígena passa a ser discutida em termos que, embora não sejam inéditos, nunca haviam sido colocados como uma política geral a ser adotada. Debate-se a partir do fim do século XVIII e até meados do século XIX, se se devem exterminar os índios "bravos", "desinfestando" os sertões — solução em geral propícia aos colonos — ou se cumpre civilizá-los e incluí-los na sociedade política — solução em geral propugnada por estadistas e que supunha sua possível incorporação como mão de obra. Ou seja, nos termos da época, se se deve usar de brandura ou de violência.

Esse debate, cujas consequências práticas não deixam dúvidas, trava-se frequentemente de forma toda teórica, em termos da humanidade ou animalidade dos índios.

SÃO HUMANOS?

Paradoxalmente, com efeito, é no século XIX que a questão da humanidade dos índios se coloca pela primeira vez. O século XVI — contrariamente ao que se podia supor pela declaração papal que em 1532 afirmava que os índios tinham alma — jamais duvidara de que se tratava de homens e mulheres. Mas o cientificismo do século XIX está preocupado em demarcar claramente os antropoides dos humanos, e a linha de demarcação é sujeita a controvérsias. Blumenbach, um dos fundadores da antropologia física, por exemplo, analisa um crânio de Botocudo e o classifica a meio caminho entre o orangotango e o homem.

Menos biológico e mais filosófico, o critério da primeira metade do século é também aquele, ainda setecentista, da perfectibilidade: o homem é aquele animal que se autodomestica e se alça acima de sua própria natureza (ver, para uma discussão mais detalhada, Carneiro da Cunha 1986). A esse respeito, uma certa e previsível clivagem se introduz no início do Império, entre cientistas estrangeiros, como o grande naturalista Von Martius, por exemplo, e letrados brasileiros como José Bonifácio. José Bonifácio opina pela perfectibilidade dos índios; Von Martius, apesar de suas extensas viagens pelo Brasil e seu conhecimento etnográfico e linguístico, pela posição contrária. Até por uma questão de orgulho nacional, a humanidade dos índios era afirmada oficialmente, mas, privadamente ou para uso interno no país, a ideia da bestialidade, da fereza, em suma da animalidade dos índios, era comumente expressa. Em 1823, José Bonifácio escrevia: "Crê ainda hoje muita parte dos portugueses que o índio só tem figura humana, sem ser capaz de perfectibilidade". Quatro anos mais tarde, o presidente da província de Minas Gerais, ao ser indagado sobre a índole dos Aymorés e Botocudos, responde nos termos seguintes: "Permita-me v. exa. refletir que de tigres só nascem tigres; de leões, leões se geram; e dos cruéis Botocudos (que devoram, e bebem o sangue humano) só pode resultar prole semelhante" (Francisco Pereira de Santa Apolônia ao visconde de São Leopoldo, 31 de março de 1827, in Naud 1971: 319).

UM DESTINO FUNESTO

Uma variante da discussão sobre a humanidade dos índios, e que já prefigura o evolucionismo, era a posição desses povos no que já se entendia então como uma história da espécie humana dentro da história natural. O célebre naturalista francês Buffon havia defendido a tese de que a natureza nas Américas fenecia sem chegar a seu pleno acabamento: era o continente dos animais miúdos, que não rivalizavam com os portentosos elefantes e rinocerontes africanos. Alguns anos mais tarde, em 1768, um abade de Estrasburgo, Cornelius de Pauw, publica um livro em que extrapola à humanidade nas Américas o que Buffon havia dito de sua fauna. Assim como grandes animais não podiam vingar no Novo Mundo, a espécie humana estava igualmente destinada a degenerar nessas regiões sem chegar a atingir a maturidade: como prova bastavam os índios, que seriam a senescência de uma humanidade prematuramente envelhecida e destinada à extinção (ver, para uma magistral discussão do assunto, Gerbi 1973). Pouco discutida no Brasil, embora muito mal recebida nos EUA e nos países latino-americanos, que a entendiam como uma condenação global da possibilidade de civilização no Novo Mundo, essa teoria conheceu no entanto aqui dois defensores célebres. Um foi Von Martius que, em ensaio oferecido ao Instituto Histórico e Geográfico Brasileiro sobre o Estado de Direito entre os Índios do Brasil, concluía com as exatas ideias de De Pauw; outro foi o grande historiador Varnhagen, que chega a citar por extenso o seguinte discurso de certo senador Dantas de Barros Leite:

> No Reino animal, há raças perdidas; parece que a raça índia, por um efeito de sua organização física, não podendo progredir no meio da civilização, está condenada a esse fatal desfecho. Há animais que só podem viver e produzir no meio das trevas; e se os levam para a presença da luz, ou morrem ou desaparecem. Da mesma sorte, entre as diversas raças humanas, o índio parece ter uma organização incompatível com a civilização (Varnhagen 1867: 55-6).

Essas ideias, que atribuem à natureza e à fatalidade de suas leis o que é produto de política e práticas humanas, são consoladoras para todos à exceção de suas vítimas. Conhecem múltiplas variantes. A partir do terceiro quartel do século XIX, novas teorias afirmam não mais que os índios são a velhice prematura da humanidade, mas antes a sua infância: um evolucionismo sumário consagra os índios e outros tantos povos não ocidentais como "primitivos", testemunhos de uma era pela qual já teríamos passado: fósseis, de certa forma, milagrosamente preservados nas matas e que, mantidos em puerilidade prolongada, teriam no entanto por destino acederem a esse télos que é a sociedade ocidental. No século XX, outra variante ainda desse mesmo ideário seria a crença na inexorabilidade do "progresso" e no fim das sociedades indígenas. Não se deve entretanto cair na grosseira armadilha de fazer desses debates apenas o instrumento de uma política de extermínio. Bastará, como contraexemplo, lembrar o evolucionismo intrínseco dos positivistas, que advogaram, no entanto, uma política indigenista das mais respeitosas que o Brasil conheceu. O Projeto de Constituição Positivista publicado em janeiro de 1890 declara em seu artigo primeiro:

> Art. 1º A República dos Estados Unidos do Brasil é constituída pela livre federação dos povos circunscritos dentro dos limites do extinto império do Brasil. Compõe-se de duas sortes de estados confederados, cujas autonomias são igualmente respeitadas, segundo as formas convenientes a cada caso, a saber:
> I. Os Estados Ocidentais Brasileiros sistematicamente confederados e que provêm da fusão do elemento europeu com o elemento africano e o americano aborígine.
> II. Os Estados Americanos Brasileiros empiricamente confederados, constituídos pelas hordas fetichistas esparsas pelo território de toda a República. A federação deles limita-se à manutenção das relações amistosas hoje reconhecidas como um dever entre nações distintas e simpáticas, por um lado; e, por outro lado, em garantir-lhes a proteção do governo federal contra qualquer violência, quer em suas pessoas, quer em seus territórios. Estes não poderão jamais ser atravessados sem o seu prévio consentimento pacificamente solicitado e só pacificamente obtido (Lemos e Mendes 1890: 1).

CATEGORIAS DE ÍNDIOS

Para fins práticos, os índios se subdividem, no século XIX, em "bravos" e "domésticos ou mansos", terminologia que não deixa dúvidas quanto à ideia subjacente de animalidade e de errância. A "domesticação" dos índios supunha, como em séculos anteriores, sua sedentarização em aldeamentos, sob o "suave jugo das leis". Essa era uma ideia geral, aplicável tanto aos grupos agricultores, e portanto sedentários, como aos grupos caçadores e coletores. Na categoria de índios bravos, passam a ser incorporados os grupos que vão sendo progressivamente encontrados e guerreados nas fronteiras do Império: grupos dos afluentes do rio Amazonas, do Araguaia que se quer agora abrir à navegação, do Madeira, do Purus, do Jauaperi, e de outros tantos rios; grupos também, sobretudo pelo fim do século, do oeste paulista ou da nova zona de colonização alemã nas províncias do Sul.

Se essa é a classificação prática e administrativa, há no entanto duas categorias de índios que se destacam por outros critérios. Há, primeiro, os Tupi e os Guarani, já então virtualmente ou extintos ou supostamente assimilados, que figuram por excelência na imagem que o Brasil faz de si mesmo. É o índio que aparece como emblema da nova nação em todos os monumentos, alegorias e caricaturas. É o caboclo nacionalista da Bahia, é o índio do romantismo na literatura e na pintura. É o índio bom e, convenientemente, é o índio morto.

A segunda categoria é o genericamente chamado Botocudo. Esse não só é um índio vivo, mas é aquele contra quem se guerreia por excelência nas primeiras décadas do século: sua reputação é de indomável ferocidade. Coincidência ou não, os Botocudos são Tapuia, contraponto e inimigos dos Tupi na história do início da Colônia (Carneiro da Cunha 2009) e sobretudo na literatura indianista: Peri, um Guarani, salva a donzela Ceci e seu pai do ataque dos Tapuia. Os vales do Mucuri, do rio Doce, do São Mateus, abertos pela guerra à colonização, abrem-se também à curiosidade dos naturalistas e viajantes que os percorrem. Pelos idos de 1818, o príncipe Von Wied-Neuwied leva um amigo Botocudo para a Alemanha, acolhe-o em seu palácio onde é festejado, amplamente retratado por diversos pintores e onde vem a morrer em 1832. Já na segunda metade do século, "espécimens de Naknenuks são levados à França" e examinados em detalhe no Museu de História Natural (Hartt 1870: 579 ss.). Além de seu amigo, Wied-Neuwied leva também um crânio de Botocudo, o primeiro de uma série de três que vão parar em coleções suecas, alemãs e americanas, onde são minuciosamente descritos e comparados entre si (Hartt 1870: 586 ss.). Enquanto Blumenbach caracteriza o crânio levado por Wied-Neuwied como o mais próximo que viu do orangotango, o crânio levado por Hartt por volta de 1868 e analisado em Harvard é declarado absolutamente respeitável. Nesse século de grandes explorações, o Botocudo não é o único índio que interessa à ciência, mas é sem dúvida o seu paradigma. O que os Tupi-Guarani são para a nacionalidade, os Botocudos são para a ciência.

GUERRA OU PAZ

Houve, ao longo do século, adeptos da brandura e adeptos da violência. Destes últimos, o mais célebre foi d. João VI, que, recém-chegado ao Brasil, desencadeara uma guerra ofensiva contra os genericamente chamados Botocudos, para liberar para a colonização o vale do rio Doce no Espírito Santo e os campos de Garapuava, no Paraná. Inaugurara também uma inédita franqueza no combate aos índios. Antes dele, ao longo de três séculos de colônia, a guerra aos índios fora sempre oficialmente dada como defensiva, sua sujeição como benéfica aos que se sujeitavam e as leis como interessadas no seu bem-estar geral, seu acesso à sociedade civil e ao cristianismo. A retórica, ou melhor, sua relativa ausência em d. João VI, constituirá uma exceção passageira.

Com José Bonifácio, a questão indígena torna a ser pensada dentro de um projeto político mais amplo. Trata-se de chamar os índios à sociedade civil, amalgamá-los assim à população livre e incorporá-los a um povo que se deseja criar. É no fundo o projeto pombalino, mas acrescido de princípios éticos: para chamar os índios ao convívio do resto da nação, há que tratá-los com justiça e reconhecer as violências cometidas. É verdade que, se tivesse sido aplicado esse projeto, apresentado pelo autor nas cortes portuguesas e na Constituinte de 1823, onde foi muito aplaudido, teríamos assistido a um etnocídio generalizado: a justiça de que fala José Bonifácio consistia na compra das terras dos índios em vez da usurpação direta.

Seja como for, a recomendação de se usarem "meios brandos e persuasivos" no trato com os índios a partir de José Bonifácio passa a fazer parte do discurso oficial. Não que não houvesse vozes dissonantes dentro e fora do governo: o ministro da Guerra, por exemplo, estimula o presidente da província de Goiás, em 1835 e 1836, a organizar expedições ofensivas contra os Canoeiros. E Varnhagen, em várias publicações (ver seu próprio sumário em Varnhagen 1867), faz-se o porta-voz de toda uma corrente que preconiza o uso da força contra os índios bravos, sua distribuição como recompensa aos que os cativarem, sua fixação e trabalho compulsórios.

O que acaba vigorando na prática é um compromisso: nas rotas ou regiões em que se quer desinfestar de índios — por exemplo, no rio Doce no início do século e na rota do Tocantins e Araguaia a partir da metade do século — estabelecem-se presídios, como eram então chamados, ou seja, praças-fortes com destacamentos militares. Esses presídios, que pretendem se tornar núcleos de futuras povoações, combatem os índios que resistem e instalam os que logram atrair em aldeamentos, como uma reserva de remeiros, de agricultores e, mais tarde, de fornecedores de lenha para os vapores.

COMPETÊNCIA LEGISLATIVA

O projeto modernizador de d. Pedro I e de José Bonifácio acaba derrotado pelas oligarquias locais. Após a abdicação forçada de d. Pedro, o ato adicional de 1834 incumbe as Assembleias Legislativas Provinciais de legislarem, cumulativamente com a Assembleia e o Governo Geral, sobre a catequese e civilização de indígenas. A inovação é significativa. Até então, as províncias, através de seus Conselhos Gerais, propunham leis e decretos que teriam de ser sancionados pela Assembleia Geral Legislativa e pelo imperador. Com a descentralização de 1834, várias províncias passam imediatamente a tomar iniciativas anti-indígenas. No Ceará, a Assembleia Provincial apressa-se em extinguir, em 1835, duas vilas de índios, seguidas de mais algumas em 1839. Em Goiás, o presidente da província organiza em 1835 e 1836 expedições ofensivas contra os índios Canoeiros e Xerente e os quilombos, oferecendo-lhes as alternativas seguintes: se aceitassem a paz, seriam expulsos de seus territórios e suas lavouras queimadas, para que não retornassem; seriam mortos e os prisioneiros escravizados, caso não aceitassem.

VAZIO DE LEGISLAÇÃO

A legislação indigenista do século XIX, sobretudo até 1845, é flutuante, pontual e, como era de esperar, em larga medida subsidiária de uma política de terras.

Com a revogação, em 1798, do Diretório Pombalino promulgado na década de 1750, havia-se criado um vazio que não seria preenchido. Só em 1845, com o "Regulamento acerca das Missões de catechese e civilização dos Índios" (Decreto 426 de 24/7/1845), é que se tentará estabelecer diretrizes gerais, mais administrativas, na realidade, do que políticas, para o governo dos índios aldeados.

E, no entanto, a necessidade de uma política indigenista havia sido debatida exaustivamente no período que antecedeu a primeira Constituição brasileira: nada menos de cinco projetos de deputados brasileiros haviam sido submetidos às cortes Gerais Portuguesas (Boehrer 1960), então preparando a Constituição de 1822. Desses projetos, o de José Bonifácio (Bonifácio [1823] 1922) foi o mais célebre: reapresentados com pequenas modificações à Assembleia Constituinte do Brasil independente, os seus "Apontamentos para a civilisação dos Índios bravos do Império do Brazil" receberam parecer favorável, aprovado a 18 de junho de 1823, ficando decidido que seriam publicados para discussão na Assembleia e para instrução da Nação — medida que muito se assemelha a uma polida protelação. Exemplares seriam remetidos às províncias para que, "exigindo delas as necessárias notícias, informem sobre os meios mais eficazes de se realizar em toda sua extensão tão importante projeto" (*Annaes do Parlamento Brazileiro*, Assembleia Constituinte 1823, 6 tomos, Rio de Janeiro, tomo II: 97). No entanto, só três anos mais tarde lançaria o governo imperial um aviso pedindo a cada presidente de província que informasse a situação e "a índole" dos índios, fizesse recomendações sobre as terras mais propícias para seu aldeamento, indicasse quais considerava ser "as causas que têm baldado todos os esforços feitos para civilizá-los, com avultadas despesas da Fazenda Pública" e sobretudo apresentasse sugestões a serem consideradas para o estabelecimento de um Plano Geral de Civilização dos Índios. As respostas a essa pesquisa de opinião foram as mais variadas possíveis (Naud 1971) e pouco propícias portanto ao estabelecimento de um "Plano Geral". Desse ambicioso plano, não houve mais notícias.

    A importância de se construir uma legislação indigenista global era sentida em vários níveis do governo. José Bonifácio havia colocado a questão como fundamental: exigia da Assembleia Constituinte de 1823 "medidas amplas e permanentes". Seus "Apontamentos para a civilisação dos Índios bravos do Império do Brazil", que fazem *pendant* à sua "Representação sobre a escravatura", continham diretrizes detalhadas, que soam hoje algo ingênuas e bastante preconceituosas. Apesar da brandura que apregoavam no trato com os índios, os "Apontamentos" não fugiam à regra: tratavam da sujeição ao jugo da lei e do trabalho, tratavam de aldeamentos. Seja como for, os "Apontamentos" de José Bonifácio, não obstante aprovados *em princípio* pela Assembleia Constituinte, não foram incorporados ao projeto constitucional, que se contentou com declarar a competência das províncias para promover missões e catequese de índios. Dissolvida a Constituinte por d. Pedro I, a carta outorgada, nossa primeira Constituição, nem sequer menciona a existência de índios.

No entanto, a expectativa de um grande plano de civilização dos índios é patente em vários documentos do início do Império. Em 1823, por exemplo, tomam-se providências consideradas urgentes, mas declara-se que o aldeamento e a civilização dos índios, por serem "de tal importância", deverão ser discutidos na Assembleia Nacional Constituinte e Legislativa do Império, para que se tomem "medidas mais amplas e permanentes" (Decisão 22, 20/2/1823). Em 1824, é dado para o aldeamento dos índios do rio Doce, no Espírito Santo, um "brevíssimo regulamento interino que servirá somente para lançar os primeiros fundamentos à grande obra de civilização dos índios" (28/1/1824).[1] Essa interinidade porém será de longa duração. As províncias, por sua vez, também se ressentem da ausência de diretrizes gerais sobre a política indigenista e legislam por conta própria: o governo do Maranhão, por exemplo, promulga em 1839 um regulamento detalhado para três missões (2/7/1839). A questão indígena continua na agenda política por essa época: em 1839, o prestigioso Instituto Histórico e Geográfico Brasileiro sorteia para dissertação o ponto "Qual seria hoje o melhor sistema de colonizar os índios entranhados em nossos sertões; se conviria seguir o sistema dos jesuítas, fundado principalmente na propagação do cristianismo, ou se outro do qual se esperem melhores resultados do que os atuais" (Barbosa 1840).

Esse vácuo legal perdura ao longo da primeira metade do século: o Diretório dos Índios da época pombalina, apesar de haver sido explicitamente revogado pela Carta Régia de 12/5/1798, por falta de diretrizes que o substituíssem, parece ter ficado oficiosamente em vigor. No Ceará, chega a ser oficialmente restabelecido em 1798 e de tal maneira permanece um parâmetro de referência que, quando é votado o Regulamento das Missões de 1845, o presidente da província do Rio instaura uma comissão encarregada de, à luz do Diretório Pombalino, examinar a nova lei e propor medidas concretas (Coutinho 1847: 80-1).

O Regulamento das Missões, promulgado em 1845, é o único documento indigenista geral do Império. Detalhado ao extremo, é mais um documento administrativo do que um plano político. Prolonga o sistema de aldeamentos e explicitamente o entende como uma transição para a assimilação completa dos índios. Depois dele, a única inovação perceptível é, nos anos 1970, a experiência de Couto de Magalhães no vale do rio Araguaia, que o governo pretendeu estender ao Amazonas e ao Mucuri ou ao rio Doce: abandono da política de concentração e aldeamento dos índios, criação de um internato para crianças indígenas, obtidas a troco de ferramentas, e destinadas a serem "intérpretes" linguísticos e culturais e a levarem, junto com os missionários, a "civilização" aos seus parentes. No seu entusiasmo linguístico, o governo prepara um programa de ensino de Nheengatu, a velha língua geral dos jesuítas (Brésil 1876). Na última década do Império, não se falará mais de tudo isso.

ADMINISTRAÇÃO LEIGA OU MISSIONÁRIA?

Em 1841, o padre Antonio Manoel Sanches de Brito, inspetor geral das missões da província do Pará, manda ao presidente da província um relatório geral em que recomenda, dados os abusos praticados por comerciantes, desertores e criminosos, que se retomem certas medidas das Cartas Régias portuguesas anteriores ao período pombalino, delegando aos missionários a competência de controlar o estabelecimento de forasteiros entre os índios (padre Sanches de Brito a Tristão Pio dos Santos, Maués, 31 de dezembro de 1841, Fonds Ferdinand Denis, Bibliothèque Ste. Geneviève, ms. 3426, fol. 72 e 72v). Cerca de vinte anos antes desse relatório, José Bonifácio havia também favorecido a ideia de confiar a direção das aldeias e a atração dos índios a uma ordem missionária a ser criada no molde dos oratorianos, e apoiada, é bem verdade, por destacamentos e presídios militares ([1823] 1922: 29). Mantém-se, como vemos, a disputa secular que se arrastará até o século XX, entre uma administração estritamente leiga e uma administração religiosa dos índios.

A solução pela qual o Império finalmente opta no chamado Regulamento das Missões é nominalmente a da administração leiga: no entanto, olhando com mais cuidado, essa solução é ambígua. Por uma parte, embora o missionário apareça no Regulamento apenas como um assistente religioso e educacional do administrador, de fato, talvez pela carência de diretores de índios minimamente probos, é frequentíssima a situação de missionários que exercem cumulativamente os cargos de diretores de índios. Já o faziam antes do Regulamento,[2] e seguem fazendo-o depois: assim, nas duas colônias indígenas maranhenses do Pindaré e do alto Mearim (Maranhão, 11/4/1854), ou na fundação das oito colônias agrícolas indígenas do Paraná e Mato Grosso (25/4/1857), os missionários eram ao mesmo tempo diretores. No Amazonas também, na década de 1860, os missionários teriam substituído os diretores de índios (Moreira Neto 1988: 87). Não que missionários abundassem: mas, em 1843 (21/12/1843), o Império havia iniciado uma política de importação de capuchinhos italianos, os chamados "barbadinhos",[3] que iriam preencher boa parte dos postos de direção das aldeias. A verdade é que o recrutamento de missionários é cronicamente deficitário: em 1876, o governo queixa-se de que para toda a extensão do Brasil, dispõe apenas de 57 capuchinhos italianos e de mais seis franciscanos descalços, concentrados no alto Amazonas (Brésil 1876).

Por outra parte, nada parece ter sobrado da autonomia jesuítica em relação aos projetos governamentais e aos interesses dos moradores, que vigorou em alguns períodos coloniais. "Ao missionário compete", diz uma lei de 1839 (2/7/1839) do Maranhão, "admoestar os índios [...] quando for para isso requerido pelo diretor." Os capuchinhos italianos ficam inteiramente a serviço do governo, que os distribui segundo seus próprios projetos. No Amazonas, por exemplo, a Lei 239 de 25/5/1872 permite a contratação de quinze religiosos por conta da província para estabelecer missões em pontos escolhidos pela administração provincial. Segundo um relatório de 1904, a interferência do poder local e a dependência em que se encontravam os capuchinhos das subvenções imperiais provocaram a partida dos missionários (Dupuy, ms., 17/9/1904).[4]

As missões continuam assim a servir de ponta de lança: quando se quer deter no Paraná os grupos Guarani que durante quase todo o século XIX deambulam num movimento milenarista em busca da Terra sem Males (Nimuendaju [1914] 1987: 10 ss.), quando se quer aldear os índios do Jauaperi na província do Amazonas, os Xambioá em Goiás, ou os Apiacá no Pará, é à Igreja que se recorre. Os presídios militares, fortins instalados a partir da metade do século ao longo do Tocantins e do Araguaia, em Goiás, serão ladeados de aldeias com seus missionários. "A catequese", escreverá Januário da Cunha Barbosa (1840: 3-4), "é o meio mais eficaz, e talvez único, de trazer os índios da barbaridade de suas brenhas aos cômodos da sociabilidade." Explícito no mesmo sentido é o projeto de Baena, de 1831, que, a par de colocar os índios cristãos do Pará sob a severa vigilância de "regentes policiais", propõe que para descer os índios selvagens se usem apenas missionários e se escondam as armas (Baena [1831] 1902, t. 2: 272).

TERRAS

O século XIX, como vimos, está crescentemente interessado na questão de terras. Nas fronteiras do Império, ainda em expansão, trata-se de alargar os espaços transitáveis e apropriáveis. Nas zonas de povoamento mais antigo, trata-se, a partir de meados do século, de restringir o acesso à propriedade fundiária e converter em assalariados uma população independente — libertos, índios, negros e brancos pobres —, que teima em viver à margem da grande propriedade, cronicamente carente de mão de obra (Carneiro da Cunha 1985, cap. 2). A política de terras não é portanto, a rigor, independente de uma política de trabalho.

Nesse contexto, no entanto, os índios ocupam uma posição singular, já que têm de ser legalmente, senão legitimamente, despossuídos de uma terra que sempre lhes foi, por direito, reconhecida. Esse processo de espoliação, eivado de irregularidades, será, como veremos adiante, feito por etapas.

DIREITOS ORIGINÁRIOS

Existe portanto claramente expresso o reconhecimento da primazia dos índios sobre suas terras: eles deverão ter a preferência sobre as terras "em que estão arranchados" (26/3/1819, 8/7/1819). Em 1827, a Câmara da vila de Barbacena, ao se pronunciar sobre a consulta relativa às terras que mais conviriam para aldeamentos de índios, declara que "deve ser a arbítrio e escolha dos mesmos índios: parece injustiça que ao dono da casa se determine lugar para sua estada" (Naud 1971: 307).

Até pela exceção se confirma a regra: d. João VI, em Carta Régia de 2/12/1808, havia declarado devolutas as terras conquistadas aos índios a quem havia declarado guerra justa; essa declaração implica o reconhecimento dos direitos anteriores dos índios sobre as suas terras, direitos agora ab--rogados para certos grupos apenas; e implica também a permanência de tais direitos para índios contra os quais não se declarou guerra justa.

Mais ainda, a primazia e inalienabilidade do direito dos índios sobre as terras que ocupam devem se estender aos aldeamentos para onde haviam sido levados, mesmo que longe de suas terras originais. Tanto é verdade isso que, em 1819, a Coroa volta atrás na concessão de uma sesmaria dentro de terras da aldeia de Valença, de índios Coroados, e reafirma princípios fundamentais: as terras das aldeias são inalienáveis e não podem ser consideradas devolutas; são nulas as concessões de sesmarias em tais terras (26/3/1819 e duas Provisões de 8/7/1819).

O mesmo reconhecimento de princípios vigora no início do Império: José Bonifácio, em seus "Apontamentos para a civilisação dos Índios bravos do Império do Brazil", afirma que os índios são "legítimos senhores [das terras que ainda lhes restam] pois Deus lhas deu".

Finalmente, na própria Lei de Terras de 1850, como magistralmente demonstra João Mendes Jr. (1912), fica claro que as terras dos índios não podem ser devolutas. O título dos índios sobre suas terras é um título originário, que decorre do simples fato de serem índios: esse título do indigenato, o mais fundamental de todos, não exige legitimação. As terras dos índios, contrariamente a todas as outras, não necessitaram portanto, ao ser promulgada a Lei das Terras, de nenhuma legitimação (Mendes Jr. 1912, passim).

SUBTERFÚGIOS E INTRUSÕES

Contra esses princípios bem assentes e que se inscrevem na tradição colonial (Carneiro da Cunha 1986, cap. 2), toda sorte de subterfúgios será usada. Será dito, por exemplo, que os índios são errantes, que não se apegam ao território, que não têm a noção de propriedade, não distinguindo o "teu" do "meu". Em 1826, um deputado, autor de um projeto de colonização no Maranhão, expressará essa posição com veemência: "Uma aldeia de duzentos a trezentos índios umas vezes se achava a vinte léguas acima e daí a poucos dias vinte léguas mais abaixo; chamar-se-ão estes homens errantes, proprietários de tais terrenos? Poderá dizer-se que eles têm adquirido direito de propriedade? Por que razão não se aldeiam fixamente como nós? [...] Eu quisera que se me mostrasse a verba testamentária, pela qual nosso pai Adão lhes deixou aqueles terrenos em exclusiva propriedade" (*Annaes do Parlamento Brazileiro*, Assembleia Geral Legislativa, Câmara dos Senhores Deputados, 1826, tomo terceiro, Rio de Janeiro, Typ. do Imperial Instituto Artístico, 1874, p. 189).

Mas, contrariamente ao que maliciosamente se apregoa, os índios, errantes ou não, conservam a memória e o apego a seus territórios tradicionais: em 1878, no Paraná, os índios de Garapuava, para espanto do governo central, recusam-se a aceitar as terras que se lhes quer dar e pretendem recuperar as suas, ocupadas por duas fazendas (17/5/1878).

Sob d. João VI, como vimos, as terras conquistadas em "guerra justa" declarada pela Coroa eram tidas por devolutas. A guerra justa, instituição que data das Cruzadas, é usada do século XVI ao início do XVIII no Brasil para dar fundamento à escravização de índios livres. No século XIX, é um arcaísmo. Ao ser invocada nessa época, faz ressurgir a escravidão indígena, abolida pelo Diretório Pombalino meio século antes: os índios conquistados ficarão escravos por certo tempo. Mas introduz também, sub-repticiamente, um novo título sobre as terras dos índios, algo que não era tratado nos séculos anteriores. Nunca se haviam declarado devolutas as terras de índios conquistados: a novidade é significativa.

Nessas terras, favorecia-se o estabelecimento de colonos: deviam ser dadas aos milicianos, aos fazendeiros e aos moradores pobres e supunha-se eufemisticamente que estes instruiriam os índios no trabalho agrícola, nos ofícios mecânicos e na religião católica (2/12/1808, 1/4/1809, 13/7/1809).

Muito depois da conquista do rio Doce e de os índios Botocudos terem sido aldeados, ainda se concediam sesmarias em seus territórios. Em Decisão de 20/2/1823, José Bonifácio recomendava que se dessem terras aos soldados que serviam nos estabelecimentos militares (os chamados presídios) estabelecidos para a atração e pacificação dos índios do Espírito Santo.

"Muito convém [dizia-se ainda em 1824] aproveitar os colonos civilizados que forem concorrendo a pedir terras para se estabelecerem, pois que de sua vizinhança, trato, e comunicação resultam grandes benefícios à civilização de selvagens. Manda outrossim s. m. o imperador que o governo da província, além dos terrenos para o aldeamento dos índios, continue a dar sesmarias a particulares que as pedirem, na forma das leis (28/1/1824)."

Na década seguinte, serão dados estímulos oficiais ao povoamento indiscriminado do rio Arinos, na rota entre o Pará e Mato Grosso (18/6/1833).

Desde Pombal, uma retórica mais secular de "civilização" vinha se agregando à da catequização. E "civilizar" era submeter às leis e obrigar ao trabalho. Ora, os índios, como vários outros segmentos da população, eram recalcitrantes ao trabalho. Dizia-se que fugiam com facilidade das aldeias para escapar-lhe, e que se refugiavam nas matas. Intrusar-lhes as terras seria então uma maneira de cortar-lhes a retirada. Na sua "Memória sobre a civilização dos Índios e destribuição das mattas offerecida a Sagrada Pessoa d'El Rey Nosso Senhor", em 1816, o desembargador Jozé da Silva Lisboa propunha nada menos que se derrubassem as matas todas e se distribuíssem as terras a homens ricos que dessem emprego agrícola aos índios! (BNRJ, ms. I: 28, 31, 40). Em 1826, o presidente da província do Espírito Santo recomenda em terras indígenas "a concessão de sesmarias e roteiem-se as matas para se lhes tirarem os coutos, e que isolados busquem os recursos entre nós, e se amoldem aos nossos costumes" (Ignacio Accioli de Vasconcellos ao visconde de São Leopoldo, Vitória, 4/8/1826, in Naud 1971: 298).

A política oficial de se estabelecerem estranhos junto aos índios data da época pombalina, em meados do século XVIII: era então uma tentativa de assimilar física e socialmente os índios ao resto da população, criando uma população livre brasileira, substrato de uma nação viável. Queria-se quebrar com isso o isolamento em que os jesuítas mantinham suas missões: o português substitui na Amazônia a língua geral, as aldeias são elevadas a vilas e lugares com nomes portugueses, os casamentos mistos são favorecidos e o estabelecimento de moradores entre os índios, encorajado. A mesma política de intrusamento perdura abertamente, como vimos, até o Regulamento das Missões. Terá durado pouco menos de um século. Um indício de seus efeitos: em 1826, d. Pedro I repreende um presidente da província do Rio Grande do Norte (20/12/1826) por ter mantido a posse comunitária dos índios sobre as terras de suas aldeias e manda dá-las a pessoas ou a herdeiros de pessoas que, em virtude do Diretório Pombalino, se haviam instalado nelas. Quanto aos índios, que fossem removidos para outra área e recebessem parcelas de terras individuais.

UMA POLÍTICA DE CONCENTRAÇÃO

Aldear os índios, ou seja, reuni-los e sedentarizá-los sob governo missionário ou leigo, era prática antiga, iniciada em meados do século XVI. Diziam os jesuítas que se não podia catequizá-los sem esse meio. Quanto aos colonos, desejavam os aldeamentos o mais próximo possível de seus próprios estabelecimentos, já que neles se abasteciam de mão de obra. Por todas essas razões, os descimentos de índios para perto das cidades ou sua concentração em missões foram constantes na colônia. Com isso, uma primeira redução de territórios foi obtida: redução era aliás o termo usado no século XVII para a reunião de índios em missões jesuíticas. Seu sentido de subjugação aliava-se bem ao de confinamento territorial.

No século XIX, a política de deportação e concentração de grupos indígenas continua (6/7/1822, 11/4/1853 [Maranhão], 14/2/1855). No Regulamento das Missões, em 1845, essa política é aliás explicitada (art. 1º par. 2 e 4).

O aldeamento de índios obedecia, com efeito, a conveniências várias: não só se os tirava ou confinava em parcelas de regiões disputadas por frentes pastoris ou agrícolas, mas se os levava também para onde se achava seriam úteis. Podia-se assentá-los em rotas fluviais, como a que ligava São Paulo ao Mato Grosso, ou o Paraná ao Mato Grosso, ou ainda como as do Tocantins e do Araguaia ligando o Centro-Oeste ao Pará e ao Maranhão. A aldeia de Pedro Affonso, em Goiás, para onde foram levados os Krahô, servia, por exemplo, a rota do Tocantins entre Porto Imperial e Carolina. Podiam-se estabelecer aldeamentos em rotas de tropeiros, como a que ligava São Pedro do Rio Grande do Sul e Santa Catarina. Podia-se também colocá-las junto a instalações militares. Em todos esses casos, os aldeamentos serviam de infraestrutura, fonte de abastecimento e reserva de mão de obra. Eventualmente, além de interesses regionais ou nacionais, os interesses puramente locais de moradores eram atendidos, como foi por exemplo o caso da remoção dos índios de Água Azeda, em Sergipe (27/8/1825).

Por outra parte, a política de concentração de grupos continuava em vigor. Em 1856, ordena-se que índios de Minas Gerais sejam "entregues" ao presidente da província do Espírito Santo para serem levados ao Aldeamento Imperial Affonsino, já existente (7/1/1856). Os resultados podem ser desastrosos, por exemplo quando agregam inimigos tradicionais: em 1825, os Cayeré, aldeados em Atalaia, na província de São Paulo, matam 28 Votoron e Camé, reunidos na mesma aldeia, e queimam-lhes as casas (ofício do presidente da província de São Paulo, 22 de fevereiro de 1827, in Naud 1971: 326-7; ver também 26/8/1825).

São em geral as Câmaras Municipais, cobiçosas das terras, que pressionam no sentido da concentração de índios em poucas aldeias. A Câmara da vila de Itapicuru, por exemplo, pede, em 1827, que sejam reunidos em uma só missão os índios de Santo Antônio da Saúde, Soure, Pombal, Mirandela e Geru e vendidos os terrenos que assim ficassem vagos. A alegação era de que eram pouco numerosos os índios dessas aldeias (bnrj, ms. II-33, 29, 88). A alegação parece falsa, já que onze anos mais tarde ainda se registram 98 índios em Itapicuru, 212 em Soure, 142 em Pombal e 848 em Mirandela (Biblioteca Nacional do Rio de Janeiro, ms. II:33, 17, 12, Relação das Missões de Índios da Comarca de Itapicuru, enviadas ao presidente da província [...] por José Emigdio dos Santos Tourinho, juiz de direito, Itapicuru, 15/11/1838). A resposta dada ao pedido da Câmara é, no entanto, elucidativa da distância eventual entre o poder local e o governo imperial: este indefere o pedido da Câmara de Itapicuru não por cuidado pelos índios mas por entender que se devem reservar os terrenos das aldeias para os "colonos estrangeiros que se espera" (visconde de São Leopoldo ao vice-presidente da Bahia. Rio de Janeiro, 10/7/1827, bnrj, ms. II-33, 29, 88).

TERRAS DE ALDEIAS

Tradicionalmente, ao serem aldeados os índios, cada aldeia recebia terras. No início do século XVIII, o alvará de 23/11/1700 havia mandado demarcar uma légua em quadra para cada aldeia. No século XIX, as dimensões das terras que se continua atribuindo às aldeias variam. No mesmo ano de 1819, por exemplo, a Coroa atribui um quarto de légua de frente e meia légua aos índios Coroados da aldeia de Valença (8/7/1819), enquanto manda dar a tradicional légua em quadra aos índios Kayapó da capitania de São Paulo (24/3/1819). Alguns anos mais tarde, as aldeias dos Botocudos do rio Doce viam-se atribuir uma légua de frente por três de fundo (28/1/1824), enquanto no Maranhão, na década seguinte, as aldeias do alto Mearim e do alto Grajaú tinham uma légua de frente por duas de fundo (2/7/1839). Quanto à província da Bahia, inaugurava em 1836 um sistema *sui generis*: mandava dar em patrimônio às aldeias do rio Jequitinhonha e do rio Pardo áreas de uma légua em quadra para as que tivessem mais de 120 famílias, de meia légua em quadra às que tivessem entre sessenta e 120 famílias, e de um quarto de légua em quadra às que tivessem entre trinta e sessenta famílias (5/3/1836). Já está claramente em marcha, a essas alturas, o processo de expropriação das terras das aldeias.

A LIQUIDAÇÃO DAS TERRAS DAS ALDEIAS

É em 1832, com efeito, que pela primeira vez se legisla sobre a transferência de aldeias para novos estabelecimentos e a venda em hasta pública de suas terras (6/7/1832). A partir dessa data, sobretudo mas não apenas no Nordeste, haverá uma corrida às terras das aldeias e uma longa disputa, que se arrasta até às vésperas da República, entre municípios, províncias e governo central pela propriedade do espólio.

As aldeias, como vimos, recebiam sesmarias de terras. Mas essas terras podiam ser arrendadas e aforadas, e com esses rendimentos se supunha que deviam sustentar-se (5/12/1812). Ainda em 1833, destinava-se o produto dos arrendamentos ao "sustento, vestuário e curativo dos índios mais pobres, e à educação dos filhos destes" (18/10/1833).

Não demorava muito para que arrendatários e foreiros pedissem Cartas de Sesmarias, dentro portanto das terras das aldeias: em 1812, são atendidas pelo menos duas vezes essas pretensões (9/1/1812; 5/12/1812). Só em 1819 se voltará atrás e se reafirmarão os direitos inalienáveis dos índios sobre as terras das aldeias (26/3/1819).

O decreto 426 de 24/7/1845, o chamado "Regulamento das Missões", só corrobora o processo em curso, embora fossem já claros seus efeitos: Carneiro Leão, por exemplo, havia se oposto no Conselho de Estado à possibilidade de se arrendarem terras das aldeias, por saber dos abusos que proviriam do dispositivo (Atas do Conselho de Estado, 29/5/1845). Seu voto é vencido e o Regulamento das Missões acaba prevendo a remoção e a reunião de aldeias (art. 1º, par. 2 e 4), aforamentos e arrendamentos (art. 1º, par. 12, 13, 14 e art. 2º, par. 2).

Cinco anos após o Regulamento das Missões, a Lei das Terras (Lei 601 de 18/9/1850) reafirma a conveniência de se assentarem "hordas selvagens". Para seu aldeamento, serão reservadas áreas dentre as terras devolutas,[5] áreas que serão inalienáveis e destinadas a seu usufruto. A situação é entendida como transitória: permitindo-o seu "estado de civilização", o governo imperial, por ato especial, cederá aos índios o pleno gozo das terras (Decreto 1318 que regulamenta a Lei das Terras, de 30/1/1854, art. 75). Essa disposição, conforme veremos, será consistentemente burlada.

Na verdade, a Lei das Terras inaugura uma política agressiva em relação às terras das aldeias: um mês após sua promulgação, uma decisão do Império manda incorporar aos Próprios Nacionais as terras de aldeias de índios que "vivem dispersos e confundidos na massa da população civilizada". Ou seja, após ter durante um século favorecido o estabelecimento de estranhos junto ou mesmo dentro das terras das aldeias, o governo usa o duplo critério da existência de população não indígena e de uma aparente assimilação para despojar as aldeias de suas terras. Este segundo critério é, aliás, uma novidade que terá vida longa: não se trata, com efeito, simplesmente de aldeias abandonadas mas também do modo de vida dos índios que lá habitam, o que fica patente por exemplo nos avisos 21, de 16/1/1851, e 67, de 21/4/1857. É uma primeira versão dos critérios de identidade étnica do século XX.

O Ceará é a primeira província a negar a existência de índios identificáveis nas aldeias e a querer se apoderar das suas terras (21/10/1850). Durante cerca de quinze anos, extinguem-se vários aldeamentos no Ceará, em Pernambuco, na Paraíba. Extingue-se a própria Diretoria Geral de Índios de Sergipe (6/4/1853), por alegada ausência de quaisquer índios, menos de dez anos após ter sido nomeado um diretor-geral para todas as aldeias da província (18/3/1844)![6] Em 1854, quando o governo central exige um arrolamento dos índios e do patrimônio das aldeias (Alvará de 18/12/1854), está em pleno curso o processo de sua extinção.

AS TERRAS DAS ALDEIAS EXTINTAS

A disputa sobre as terras das aldeias extintas arrasta-se por mais de trinta anos (ver, por exemplo, Cândido Mendes de Almeida 1870, vol. 5 :1086, nº 2). A rigor, de acordo com o decreto que regulamentou a Lei das Terras (30/1/1854, art. 75) e o art. 1º, par. 15 do Regulamento das Missões, essas terras deveriam ser dadas em plena propriedade aos índios. É assim que se entende por exemplo em 1855 quando se declara, a propósito da aldeia cearense de Mecejana, extinta cinco anos antes, que as terras de que tinham posse pertenciam aos índios, em sua qualidade de descendentes daqueles a quem, primitivamente, havia sido feita a concessão de terras (20/11/1855). Coerentemente se afirma nos anos seguintes que os índios nas aldeias extintas não pagam arrendamentos nem têm de exibir títulos de foro (20/11/1855; 21/4/1857; 30/4/1857).

Mas esse entendimento é rapidamente esquecido e nas décadas seguintes serão distribuídos, quando muito, lotes aos índios.[7] A controvérsia relativa aos direitos sobre as terras das aldeias extintas excluirá portanto os índios e será travada entre municípios, províncias e Império. Durante algum tempo, parece prevalecer o entendimento de que se trata de terras devolutas do Império (Aviso 160 de 21/7/1856; Aviso 131 de 7/12/1858; ver também 18/11/1867). Em 1858 e 1862, por exemplo, declara-se expressamente que devem ser considerados nulos quaisquer aforamentos dessas terras feitos pelas Câmaras Municipais (7/12/1858; 19/5/1862). Aos poucos, porém, o poder local ganha terreno: a partir de 1875, as Câmaras Municipais passam a poder vender aos foreiros as terras das aldeias extintas, e a poder "usá-las para fundação de vilas, povoações, ou mesmo logradouros públicos" (Decreto 2672 de 20/10/1875). Em 1887, as terras das aldeias extintas revertem ao domínio das províncias e as Câmaras Municipais passam a poder aforá-las (Lei 3348 de 20/10/1887, art. 8, par. 3; 12/12/1887 e 4/4/1888).

Ao ser proclamada a República, a Constituição de 1891 ratificará esse estado de coisas, atribuindo aos estados as terras que eram das províncias. Trata-se no entanto especificamente das terras das aldeias extintas e não das terras das aldeias em geral. Estas jamais foram declaradas devolutas.

O processo de espoliação torna-se, quando visto na diacronia, transparente: começa-se por concentrar em aldeamentos as chamadas "hordas selvagens", liberando-se vastas áreas, sobre as quais seus títulos eram incontestes, e trocando-as por limitadas terras de aldeias; ao mesmo tempo, encoraja-se o estabelecimento de estranhos em sua vizinhança; concedem-se terras inalienáveis às aldeias, mas aforam-se áreas dentro delas para o seu sustento; deportam-se aldeias e concentram-se grupos distintos; a seguir, extinguem-se aldeias a pretexto de que os índios se acham "confundidos com a massa da população"; ignora-se o dispositivo de lei que atribui aos índios a propriedade da terra das aldeias extintas e concedem-se-lhes apenas lotes dentro delas; revertem-se as áreas restantes ao Império e depois às províncias, que as repassam aos municípios para que as vendam aos foreiros ou as utilizem para a criação de novos centros de população. Cada passo é uma pequena burla, e o produto final, resultante desses passos mesquinhos, é uma expropriação total.

TRABALHO

Escravidão indígena

A escravidão dos índios foi abolida várias vezes em particular no século XVII e no século XVIII: ou seja, a abolição foi várias vezes, por sua vez, abolida.

A partir de 1808, a declaração de guerra justa contra os Botocudos e os Kaingang legaliza, conforme mencionamos acima, a escravização desses índios. Curiosamente, essa escravidão é prevista por tempo determinado, a ser computado a partir do dia de seu batismo (1/4/1809). Numa retórica característica do início do século XIX, vem expressa em termos pedagógicos: a escravidão temporária dos índios, dobrando-os à agricultura e aos ofícios mecânicos, deveria fazer-lhes perder sua "atrocidade" e, sujeitando-os ao trabalho como os sujeitava às leis, elevá-los a uma condição propriamente social, isto é, humana.

Declarada ou embuçada porém, a escravidão indígena perdurou surpreendentemente até pelo menos os meados do século XIX. Vendiam-se crianças (Circular 9/8/1845) e adultos eram disfarçadamente escravizados também (Aviso 2/9/1845). No que é hoje o Amazonas, a escravização nas formas mais tradicionais — apresamento direto, estímulo à guerra indígena para compra de prisioneiros — continuava como se nada houvesse (Hemming 1987: 211-20). Mas até na corte se encontravam escravos índios até pelo menos 1850! Nessa data, o viajante americano Thomas Ewbank anota: "Os índios aparecem para serem escravizados tanto quanto os negros; no Rio muitos deles têm sido negociados". Durante a seca do Ceará, os pais venderiam seus filhos, seguindo um procedimento inaugurado no século XVI: "Antes era muito difícil conseguir um indiozinho por menos de setenta mil réis, mas agora os seus pais, não tendo nada que comer, oferecem-nos de bom gosto por dez" (Ewbank 1850: 242).

Tutela

A questão da origem da figura jurídica da tutela é obscura e, a meu ver, cheia de quiproquós. Há antes de mais nada que distinguir o regime das sociedades indígenas independentes, que haviam escapado ao processo de aldeamento, daquelas a quem tradicionalmente se impôs uma tutela, ou seja, os índios das aldeias: estes ficavam sob o poder temporal ora dos missionários ora de administradores nomeados pela Coroa, que tinham poder de dispor, sob certas condições, de seu trabalho e dos frutos de tal trabalho. Um único *intermezzo* nesse instituto: a autonomia total que durante breves dois anos — de 7 de junho de 1755 a 3 de maio de 1757 — o marquês de Pombal concede aos índios, no que ele entende como sua emancipação dos jesuítas. Em 1757, Mendonça Furtado, irmão de Pombal, inicia o Diretório dos Índios deplorando que os principais, mal instruídos até então pelos padres e conservados numa "lastimosa rusticidade e ignorância", se tivessem mostrado inaptos para o governo das suas povoações: em consequência, os substitui por diretores "enquanto os índios não tiverem capacidade para se governarem".

É essa tutela dos diretores que será ab-rogada, diante da deserção das povoações, pela Carta Régia de 25 de julho de 1798. Curiosamente, ao mesmo tempo que a tutela dos índios aldeados desaparece *de jure* senão *de facto*, ela aparece pela primeira vez aplicando-se a índios independentes: nessa Carta Régia, após declarar a emancipação dos índios aldeados de seus diretores e portanto sua equiparação aos outros habitantes no mercado de trabalho, d. Maria I afirma que aos índios não aldeados — ou seja "tribais" (e ela cita em exemplo os Munduruku, os Karajá e os Mura) — que particulares consigam contratar para servi-los, com obrigação de os educar, instruir e pagar, ela concede o privilégio de órfãos. É preciso entender que esse privilégio significa que teoricamente alguém, a saber o juiz de órfãos, deverá zelar para que os contratos sejam honrados, os índios pagos e ao fim de um tempo, batizados. Essa proteção especial aplicava-se também no século XIX aos escravos libertos de qualquer origem, e notadamente aos africanos livres, ou seja, africanos que, declarados livres pela esquadra britânica que patrulhava as costas brasileiras após as primeiras proibições de tráfico negreiro, eram no entanto desembarcados no Brasil. Aqui chegados, "boçais", ou seja, ainda incapazes de falar português, eram presa fácil de aproveitadores que os faziam passar por escravos (Carneiro da Cunha 1985). Sobre eles também devia o juiz de órfãos velar. A ele cumpria em suma evitar que se escravizasse de fato gente livre que tinha poucos meios de se defender por ignorar a língua e os costumes do país: este era o caso dos africanos livres e dos índios não aldeados.

De tudo isso resulta que a tutela orfanológica não se aplicava, a partir de 1798, a todos os índios e sim apenas aos que, nos termos da época, eram recém-"amansados" ou "domesticados". Mas o que isso indica também é que em 1789 se passa a admitir na prática que, à revelia de qualquer administrador oficial (e apenas sob a vigilância de um juiz), índios livres possam ser usados diretamente por particulares: é, no fundo, um sistema que vigorou costumeira mas não legalmente em São Paulo de cerca de 1570 a 1730, e um privilégio com que os moradores do Maranhão e Grão-Pará haviam sonhado durante dois séculos. Algo semelhante ocorre em 1831, quando a Lei de 27 de outubro declara os índios equiparados aos órfãos. É verdade que a redação dessa lei não é absolutamente explícita. A meu ver, ela se aplicava aos índios de São Paulo e Minas Gerais que, escravizados com fundamento nas Cartas Régias que lhes declaravam guerra justa (5/11/1808, 13/5/1808, 2/12/1808), eram agora declarados libertos: como todos os libertos, ficavam sob a jurisdição do juiz de órfãos que os devia distribuir como trabalhadores livres.[8] Mas a lei podia também ser entendida como se aplicando à totalidade dos índios, o que não me parece plausível até por razões gramaticais — o sujeito do artigo 4º que fala da tutela é o mesmo do artigo 3º que fala da libertação dos índios escravos.

Até agora, tratamos essencialmente de uma tutela que se destina à garantia da liberdade de indivíduos: tutela pessoal que não se estende, evidentemente, aos descendentes. A questão da garantia dos bens é de outra natureza. Os índios são reputados incapazes da administração de seus bens (ver por exemplo ofício de 25/2/1858). Por isso o Estado vela sobre os bens dos índios e principalmente sobre as terras dos aldeamentos, incumbindo a princípio os ouvidores das comarcas (até 1832) e transitoriamente os juízes de órfãos (a partir de 1833) da administração dos bens das aldeias, e em particular dos arrendamentos das terras das aldeias (18/10/1833 e 13/8/1834), cujos benefícios devem reverter aos índios (18/10/1833), embora nem sempre assim ocorra (16/11/1833). Com o Regulamento das Missões, em 1845 (24/7/1845), o arrendamento de terras das aldeias passa a ser da alçada do diretor-geral de índios para cada província e a administração dos outros bens dividida entre ele e os diretores de aldeias. A eles competia também designar índios dos aldeamentos para serviços públicos (na aldeia ou fora dela) e zelar para que fossem remunerados. Mas não lhes competia, embora o fizessem, ajustar contratos de índios com particulares. Nisso claramente diferiam dos juízes de órfãos, que tinham essa incumbência para todos os seus tutelados.

O Regulamento das Missões reinstitui portanto uma administração dos índios das aldeias que havia sido abandonada em 1798. Comentando o projeto no Conselho de Estado, José Antônio da Silva Maia observa que este não declarava "quando e como as aldeias se hão de haver emancipadas da curadoria e administração dos diretores" (Ata do Conselho de Estado, 29/5/1845). De fato, só em 1854 (Decreto 1318, de 30/1/1854) se prevê que, conforme o estado de civilização dos índios, o governo imperial, por ato especial, lhes concederia o pleno gozo das terras. Reafirma-se isso em 20/11/1855, mas tudo o que vimos acima em relação à liquidação das terras das aldeias mostra que não foi o que ocorreu: as aldeias cujas terras são cobiçadas são extintas e os índios mais uma vez espoliados.

RESISTÊNCIA AO TRABALHO

Uma coisa era sedentarizar os índios, ou seja, "domesticá-los" e "amansá-los" para que não mais atacassem os moradores; outra, muito diferente, era conseguir que trabalhassem para os colonos. Os índios recém-sujeitados recusavam-se ao trabalho (24/5/1823): eram "mansos" mas ainda não "civilizados". A deserção das aldeias, como nos séculos anteriores, era constante: em Pernambuco ou no Rio Grande do Norte, por exemplo, os aldeados "fugiam para os centros de gentilidade bravia" (Naud 1971: 334). Outros, como os índios de Itapicuru, na Bahia, não se curvavam à vida agrícola e continuavam, nos aldeamentos, sua vida de caçadores.

Sabia-se, no entanto, da sobre-exploração dos índios pelos diretores e pelos que os empregavam. Em geral, pagava-se-lhes menos do que aos outros trabalhadores, comprava-se mais barata sua produção e vendiam-se-lhes mais caras as mercadorias.

O clichê da indolência dos índios ganha terreno nessa época. No entanto, José Bonifácio havia feito uma análise de ressonâncias modernas:

> Com efeito o homem no estado selvático, e mormente o índio bravo do Brasil, deve ser preguiçoso; porque tem poucas, ou nenhumas necessidades; porque sendo vagabundo, na sua mão está arranchar-se sucessivamente em terrenos abundantes de caça ou de pesca, ou ainda mesmo de frutos silvestres, e espontâneos; porque vivendo todo o dia exposto ao tempo não precisa de casas, e vestidos cômodos, nem dos melindres do nosso luxo; porque finalmente não tem ideia de propriedade, nem desejos de distinções e vaidades sociais, que são as molas poderosas, que põem em atividade o homem civilizado (1823: 19).

As conclusões que se tiram de tais análises são que, se se quer sujeitar os índios ao trabalho, deve-se ampliar suas necessidades e restringir simultaneamente suas possibilidades de satisfazê-las. Diminuir seu território e intrusá-lo, "tirar-lhes os coutos", ou seja, confiná-los de tal maneira que não possam mais subsistir com suas atividades tradicionais, é, como vimos quando tratamos de terras, uma das medidas preconizadas. Além da dependência que assim se cria, o desejo de instrumentos de ferro, quinquilharias, roupas — sem falar da proscrita mas onipresente cachaça — inicialmente oferecidos para criarem os hábitos e posteriormente vendidos, devem induzi-los ao trabalho e ao comércio.

A DISPUTA PELO TRABALHO INDÍGENA

O trabalho indígena será disputado, como em séculos anteriores, pelos particulares e pelo Estado, em seus vários níveis. Se o trabalho compulsório foi proibido várias vezes, a proibição dirige-se sobretudo a particulares que a burlam (p. ex., 23/3/1825, Pernambuco). Quanto ao Estado, serve-se abundante e compulsoriamente dos índios que consegue, e seus prepostos desviam costumeiramente esse privilégio em seu próprio benefício. Dentro do próprio Estado, o poder local tenta por vezes contestar ao poder central a jurisdição sobre aldeias de índios (20/3/1823).

O trabalho para particulares enquanto tal, contrariamente ao que afirma Perdigão Malheiro ([1867] 1976, vol. I: 239), jamais é proibido. Só os intermediários variam: diretores de aldeias ou juízes de órfãos. Koster, que lavrava cana em Pernambuco na década de 1810, conta que contratava o trabalho dos índios, remunerado abaixo do dos outros, através de seu diretor (Koster 1816, cap. VIII). O Regulamento das Missões (24/7/1845, art. 1º, par. 28) prevê expressamente trabalho remunerado para particulares, desde que não seja forçado. Os abusos são notórios e daí a um mês e meio, o ministro da Justiça expede circular aos juízes de órfãos para que verifiquem se os índios estão trabalhando constrangidos para particulares e para que se estabeleçam contratos de trabalho (Circular 2/9/1845). Mas nove anos mais tarde, em 1854 (Aviso de 5/1/1854), permite-se no Maranhão o recrutamento (nominalmente não compulsório) de trabalhadores índios nas aldeias, por três anos consecutivos que só seriam pagos ao término do período! Isso, quanto aos índios das aldeias. Quanto aos índios recém-contatados, os de Santa Catarina, por exemplo, são distribuídos diretamente para trabalhar com particulares (Aviso no 8, Império, 20/3/1855). A então recém-criada província do Amazonas, em sua primeira lei indigenista, de setembro de 1852, restaura a livre negociação de índios com chefes de "nações selvagens". Os índios assim adquiridos seriam "educados" durante dez anos pelos seus adquirentes para depois poderem ser restituídos às suas aldeias (Bessa 1983). Esta era, aliás, uma prática tradicional: em décadas anteriores, particulares que aldeassem índios às suas próprias expensas ganhavam título de benemérito (3/8/1819, 9/5/1823). Igualmente tradicionais eram os abusos. Saint-Hilaire comenta, a propósito de sua visita a Minas Gerais nos anos 1820, a Carta Régia de d. João VI "concedendo aos cultivadores dez anos de vida daqueles Botocudos que abrigarem para instruí-los. Esse decreto, como era fácil de se prever, deu margem aos mais horríveis abusos. Mulatos e mesmo brancos compram crianças a seus pais, por bagatelas, ou mesmo raptam-nas pela força para vendê-las em seguida nas diversas vilas de Minas-Novas. Quando estive nas margens do Jequitinhonha, já não havia crianças nas tribos que maior comunicação tinham com os portugueses e, para poder vender ainda, essas tribos travavam guerras com outras, mais distantes" (Saint-Hilaire 1823: 13, nº 2).

OFÍCIOS DE ÍNDIOS. O ESTADO

Era opinião generalizada no começo do século XIX — e Azeredo Coutinho, no fim do XVIII, a compartilha — que os índios teriam aptidões naturais para a navegação. Um grande número de avisos e circulares recruta assim índios para a Marinha.[9] Em 1827, por exemplo, é mandada uma circular a todas as províncias para que remetam índios para o Arsenal de Marinha na corte (5/9/1827).

Por outra parte, os índios das aldeias eram, como os forros e negros livres, compulsoriamente recrutados (29/12/1837, 30/8/1865). Por isso os Coroados aldeados, quando da visita de Spix e Martius, que o narram, escondiam-se com medo de um recrutamento (Spix e Martius, vol. I: 222, 241). Em 1850, Ewbank cita o envio ao Rio de Janeiro de índios alistados à força no Rio Grande do Norte (Ewbank 1850: 210). No Regulamento das Missões de 1845, prevê-se treino militar a ser dispensado aos índios e cogita-se da possibilidade de criação de companhias de índios, com organização especial (art. 2, par. 13). Novamente em 1875, declaram-se os índios alistáveis no exército e na armada (30/7/1875 e 17/9/1875).

Na realidade, os índios, alistados regularmente ou não, eram usados em várias expedições bélicas: havia primeiro uma exploração de parte a parte de antigos antagonismos. A política indígena e a política indigenista serviam-se assim mutuamente. Os Coroados (nome que designava genericamente diferentes grupos que usavam o que se entendia como coroas de plumas) foram usados, por exemplo, para dizimar os índios Puri, em Minas Gerais (Spix e Martius 1823-31, vol. I: 240). Pode-se dizer que, na perspectiva desses grupos Coroados, os colonos foram instrumentais.

Mas, em vários outros casos, o uso bélico dos índios se estendeu a alvos não tradicionais: índios "mansos" eram parte das tropas que, em 1808, iam combater os Botocudos em Minas Gerais, no Espírito Santo e sul da Bahia, e recebiam metade do soldo dos outros pedestres (13/5/1808). Havia, na época de Debret, aldeias de "índios caçadores" em Curitiba, incumbidos pelo governo de combater os "selvagens" e rechaçá-los das terras cultivadas (Debret [1834-9] 1940, tomo I, p. 53, prancha 20). No Pará e no que é hoje o Amazonas, os Mundurùku foram extensamente utilizados para combater desde os Mura até os cabanos (Hemming 1987; Moreira Neto 1988). Quanto ao uso de índios para combater os quilombos, é bem conhecido (p. ex., no Rio de Janeiro, Debret [1834-9] 1940, vol. I: 53).

Menos conhecido talvez foi o uso que os portugueses fizeram de índios, armados de arcos e flechas, em alguns episódios da época da Independência: em 1817, entraram no Recife índios aldeados do Ceará, Pernambuco e Paraíba (Tollenare [1818] 1956). Na Bahia, os índios foram usados na época da Independência. Parecem aliás ter recebido por seus feitos isenção de vários impostos (25/2/1819). Quanto aos Kadiwéu ou Guaikuru, foram, em 1830, armados pelos habitantes e auxiliados pela tropa para roubarem gado no Paraguai. Algumas décadas mais tarde, sua participação inicial em apoio aos brasileiros na Guerra do Paraguai valeu-lhes a demarcação de terras por ordem de d. Pedro II.

Outro uso frequente dos índios era, como vimos quando tratamos de terras, o apoio a instalações militares e nas novas rotas comerciais entre as várias províncias. Nessas rotas estabeleciam-se aldeias das quais se esperava que abrissem e mantivessem estradas, fornecessem canoeiros, fizessem lavouras capazes de abastecer os viajantes, e servissem em geral de apoio e de mão de obra. São fundadas, por exemplo, oito colônias indígenas para facilitar a navegação na bacia dos rios Paraná e Paranapanema (31/1/1849 e 25/4/1857) e outras para a rota de São Paulo a Mato Grosso (21/5/1850).

Um caso excepcional foi o uso "revolucionário" de índios e "tapuias" (termo genérico para designar índios igualmente genéricos que formavam a base da população amazônica do século XIX) na cabanagem que sacudiu o Pará e o atual Amazonas, da Independência até 1840, aproximadamente (Anderson 1985; Moreira Neto 1988). Nesse vasto movimento, índios e tapuias foram primeiro usados pelas elites como bucha de canhão para suas querelas faccionais que opunham os conservadores aos "filantrópicos" ou liberais. Mas os cabanos revoltosos apoiaram-se nos despossuídos e acabaram por fazer eclodir uma revolta de que nenhum dos líderes iniciais parecia ter mais controle. Várias guerras particulares parecem ter-se travado no bojo da cabanagem, sem que se formasse realmente um movimento revolucionário identificável, nem entre as elites nem entre suas tropas. Entre essas guerras figuram revoltas de índios, como os Mawé, por exemplo, tomando para o lado cabano a vila de Luzeia, a atual Maués, ou os Mura combatendo os habitantes de Manaus, em Autazes.

Enfim, de forma genérica, o Estado usava ainda os índios como povoadores (6/7/1832), em lugares remotos: tradição antiga que, em séculos anteriores, favorecera as relações com grupos nas fronteiras, e talvez também reminiscência da política pombalina que quisera formar com os índios o povo de que o Brasil carecia. Seja como for, em 1809, após ter declarado guerra aos índios de Guarapuava, d. João VI acrescenta: "Não é conforme aos meus princípios religiosos e políticos o querer estabelecer minha autoridade nos Campos de Guarapuava e território adjacente por meio de mortandades e crueldades contra os índios, extirpando as suas raças, que antes desejo adiantar, por meio da religião e civilização, até para não ficarem desertos tão dilatados e imensos sertões, e que só desejo usar da força com aqueles que ofendem os meus vassalos, e que resistem aos brandos meios de civilização que lhes mando oferecer" (1/4/1809).

OS ÍNDIOS E AS LEIS INDIGENISTAS

Mencionamos, no início, o hiato que se sabe existir entre a lei e o real. De saída, a legislação indigenista já era a lei do mais forte, a lei do lobo sobre o cordeiro: mas como o lobo da fábula se via compelido a expor suas justas razões de comer o cordeiro, os mais fortes tinham também de proclamar sua razão e os mais fracos podiam invocar, por sua vez, as regras violadas. Há assim alguns casos conhecidos de índios que recorrem à Justiça.

Em 1815, os índios da aldeia dos Aramaris de Inhambupe de Cima, na Bahia, encaminham uma longa representação protestando contra a espoliação das terras de sua aldeia, que ocupavam, afirmam eles, havia mais de cem anos. Em 1821 e 1822, o principal dos índios Gamela de Viana logra da Justiça do Maranhão a demarcação judicial das terras da aldeia (Arquivo do Tribunal de Justiça do Maranhão, pacote 005/

tj/1986 apud Andrade 1990). Um índio Xukuru, o capitão-mor da vila de Cimbres em Pernambuco, denuncia em 1825 os abusos cometidos aparentemente pelo diretor da aldeia e obtém uma decisão favorável do imperador (23/3/1825). E em 1828 (20/11/1828) é o capitão-mor da vila de Atalaia, em Alagoas, quem protesta contra as violências e a invasão das terras das aldeias.

O autogoverno dos índios, que vigorou em princípio de 1798 a 1845, foi frequentemente ridicularizado pelos contemporâneos, que viam nele não mais que um simulacro de autogestão, sem qualquer poder real. O capitão-mor indígena de uma aldeia do Ceará, com sua bengala de cimo de ouro, era desprezado, enquanto seu homólogo branco, escolhido entre os proprietários mais ricos, e com poderes civis e militares, era temido: "pois é ridículo no Brasil o título sem a propriedade da terra" (Koster 1816, cap. VII). Um autor pernambucano do início do século XIX, citado por Capistrano de Abreu, dá uma caricatura que ilustra bem os preconceitos vigentes:

> Os índios têm vilas e câmeras; e são nelas juízes, sem saberem nem ler, nem escrever, nem discorrer! tudo supre o escrivão; o qual, não passando muitas vezes de um mulato sapateiro, ou alfaiate, dirige a seu arbítrio aquelas câmeras de irracionais quase, pelo formulário seguinte: Na véspera do dia, em que há de haver na aldeia vereação, parte o escrivão da sua moradia, se é longe; e neste caso sempre a cavalo; e vem dormir, nessa noite, em casa do senhor juiz, o qual imediatamente se encarrega do cavalo do senhor escrivão [...] Fica entretanto o escrivão descansado, senhor aliás da casa, mulher e filhas do oficioso juiz, que na volta lhe cede o melhor lugar na choupana, para dormir e passar a noite. Logo em amanhecendo começa o juiz a ornar-se com os velhos e emprestados arreios da sua dignidade, e a horas competentes marcha para um pardieiro, com alcunha de casa da câmera, onde lidas as petições, que o escrivão fez na

véspera, são despachadas pelo mesmo escrivão em nome do senhor juiz ordinário; e pouco depois se desfaz o venerando senado, e aparecem os senadores de camisa, e ceroulas, e de caminho para as suas tarefas (Abreu 1907: 171).

Apesar de tantos preconceitos, pelos poucos indícios que acabamos de mencionar, mesmo sem poder real, alguns líderes indígenas parecem ter levado o cargo com responsabilidade e até certa eficácia. Coincidência ou não, o fato é que não se conhecem processos em defesa dos direitos indígenas após 1845, quando os diretores das aldeias passam a exercer a função de procuradores dos índios.

FONTES

Estudos sobre a questão indígena e a política indigenista no século XIX que ultrapassem fronteiras regionais são escassos: podemos contar apenas com a tese de doutoramento de Carlos Moreira Neto (1971), baseada exclusivamente em relatórios de presidentes de província (que são fontes primárias fundamentais) e com o livro de John Hemming, *Amazon frontier*, de 1987, que se apoia mais em viajantes.

Em compensação, há vários estudos sobre diferentes aspectos, períodos ou regiões, sem que no entanto se esgote, longe disso, o tema. Citarei por exemplo o livro de Carlos Moreira Neto sobre a Amazônia (1988), o de Beatriz Gois Dantas sobre os Xocó de Sergipe, as dissertações de mestrado de Rita Lazarin e de Mendes Rocha (1988) sobre Goiás, a de Marco Lazarin sobre o Purus. Vários outros trabalhos, como a tese de Maristela de Andrade sobre o Maranhão (1990), tocam em questões indígenas regionais.

Existem alguns estudos sobre os missionários capuchinhos: saliento o magistral livro de Metodio da Nembro (1958) e a tese de livre-docência de Petrone, que continua inédita na USP. Ainda estão por ser feitas as histórias das ordens e congregações missionárias que se instalaram no fim do século XIX (salesianos, dominicanos, servitas, espiritanos etc.).

Sobre o período e a influência positivista, no fim do século, vejam-se o livro de Gagliardi e a dissertação de mestrado de Souza Lima.

Quanto à história da legislação oitocentista referente aos índios, as obras mais interessantes são sem dúvida o livro de Perdigão Malheiro (1867), *A escravidão no Brasil*, e o de João Mendes Jr. (1912). Reuni em um volume as fontes primárias mais importantes (Carneiro da Cunha, 1992). Antes desta coletânea,[*] algumas fontes primárias haviam sido transcritas por Naud (1971) e um bom levantamento arrolado por Jeanne B. de Castro e Zuleika R. de Oliveira (1975).

---

[*] Autora refere-se ao livro *História dos índios no Brasil* (Companhia das Letras, 1992).

NOTAS

1 As datas entre parênteses referem-se à legislação publicada em Carneiro da Cunha (1992). Reduzimos aqui as citações de leis apenas às que nos pareceram mais fundamentais.
2 Assim, na vila de Cimbres, em Pernambuco (23/3/1825), e nas aldeias da Bahia (5/3/1836, Provincial).
3 A província do Ceará adianta-se à política do império e chama os capuchinhos já em 1842 (14/11/1842).
4 "Após ter reunido em aldeias algumas tribos, seja no rio Madeira, seja no rio Negro, algum homem influente, vizinho da missão e bem visto do partido político então no poder, pedia a saída dos missionários para poder se apoderar dos índios e fazer deles seus escravos" (Dupuy, ms., 1904).
5 Não se trata na Lei de Terras, como erroneamente se entendeu às vezes, de declarar as áreas indígenas devolutas e sim, inversamente, de reservar terras devolutas do Império para aldeamento dos índios, quando se os queria assentar e deslocar de seus territórios originais.
6 Ver, sobre esse processo de expropriação das aldeias em Sergipe, Dantas 1980.
7 O tamanho dos lotes que devem ser atribuídos aos índios variou com o momento e a província. Em 1862, recomenda-se ao presidente da província de São Paulo que distribua lotes que não excedam 62500 braças (ou seja, cerca de trinta hectares) e sejam em geral de 22500 braças (uns doze hectares) às famílias e a maiores de 21 anos com economia separada (19/5/1862). Mais ou menos as mesmas recomendações são dadas em 1866, ao se extinguir o aldeamento de São Lourenço, no Rio de Janeiro (Deliberação de 26/1/1866, Rio de Janeiro). Em ambos os casos, a propriedade dos lotes só se tornará definitiva após cinco anos de efetiva residência e cultura. Em 1875, o governo é um pouco mais generoso: não só os lotes da Bahia e de Pernambuco são de 62500 braças quadradas para os chefes de família e de 31250 braças quadradas, a metade, para os solteiros, como os títulos de propriedade são imediatamente dados (Decisões 272 e 273 de 8/7/1875). Mas já em 1878, recomenda-se ao presidente da província de São Paulo que reserve lotes de 31250 braças quadradas (cerca de quinze hectares!) às famílias de índios ou a seus descendentes nos aldeamentos extintos. Talvez o mais escandaloso desses dispositivos seja o regulamento dado ao engenheiro encarregado de medir as terras das aldeias extintas de Pernambuco (8/7/1875). A essas alturas, seis aldeamentos foram extintos, e parecem restar apenas dois na província, Cimbres e Assumpção. O regulamento manda distribuir pequenos lotes aos índios das aldeias extintas, mas recomenda em seu artigo XIV que se procurem, no entanto, transferir esses índios para as aldeias ainda não extintas, o que é duplamente absurdo: se for por eles não se acharem "civilizados" e necessitarem viver em aldeia, não há por que se extinguirem suas aldeias originais. Caso contrário, não há por que transferi-los a não ser para evitar de

lhes outorgar lotes em suas próprias terras. O artigo XV do regulamento encadeia mandando amputar "as terras desnecessárias" dos aldeamentos ainda não extintos!

8 Era sabido que o ofício de juiz de órfãos, pelo poder que tinha de distribuir libertos para trabalharem, enriquecia rapidamente seus incumbentes: tão notório era isso que não se permitia a ninguém deter esse cargo por mais de quatro anos. É interessante também nesse sentido a disposição da Lei Provincial da Bahia de 5/3/1836 que proíbe aos Juízes de Paz serem também diretores de aldeias.

9 Assim 4/8/1808, 18/8/1808, 8/11/1808, 22/11/1808, 19/5/1809, 31/7/1837, 18/9/1837, 25/11/1844, entre outros.

TRÊS PEÇAS DE CIRCUNSTÂNCIA SOBRE DIREITOS DOS ÍNDIOS*

* As referências às publicações originais encontram-se na página 117.

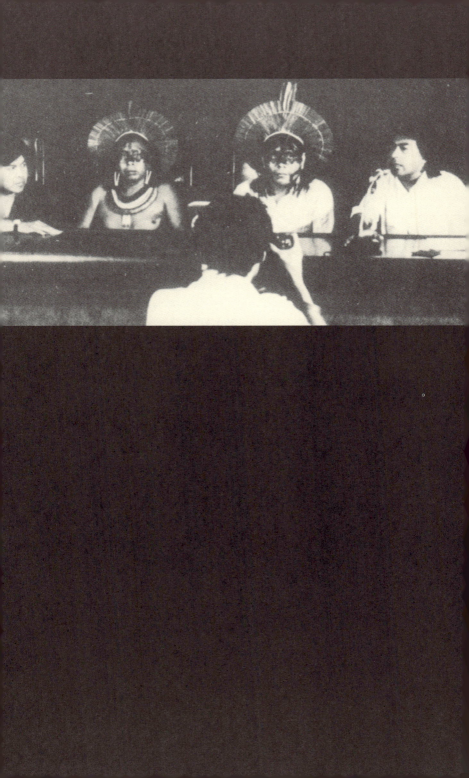

Os três artigos reunidos aqui, dois deles publicados na grande imprensa e um em uma coletânea de textos, se complementam e respondem em tons diferentes a um mesmo debate, cuja história remonta pelo menos a 1978. A Fundação Nacional do Índio (Funai) — criada em substituição ao antigo SPI, acusado de corrupção e dissolvido — dependia do Ministério do Interior. Como Dalmo Dallari enfatizava à época, era uma contradição flagrante colocar um órgão que devia defender os direitos dos índios sob a autoridade de um ministério cuja missão era o "desenvolvimento", entendido da forma mais predatória possível. Os custos ambientais e sociais, para a população em geral e para os índios em particular, eram considerados secundários, quando não simplesmente ignorados: assim se entende que, nessa época, políticos e militares pudessem abertamente declarar que os índios eram "empecilhos para o desenvolvimento".

As terras indígenas e o usufruto exclusivo de seus recursos pelos índios gozavam de proteção constitucional, e o governo manifestava orgulho de sua legislação indigenista. Para levantar o embargo legal sobre as terras indígenas, imaginou-se um expediente: era só emancipar os índios ditos aculturados. Na realidade, o que se tentava emancipar eram as terras, que seriam postas no mercado, como os Estados Unidos haviam feito no século XIX.

Apesar de engavetado em 1978, em virtude de uma oposição cuja magnitude surpreendeu a todos, o projeto voltou várias vezes sob formas pouco diferentes. Uma das tentativas de ressurreição se deu em 1980, e foi nessa ocasião que publiquei o primeiro destes textos. O segundo foi provocado por uma disputa legal em torno dos Pataxó Hã-hã-hãe, que envolvia a mesma problemática de etnicidade.

CRITÉRIOS DE INDIANIDADE OU LIÇÕES DE ANTROPOFAGIA

O presidente da Fundação Nacional do Índio (Funai) vem manifestando há longos meses uma inquietação persistente, a de saber afinal "quem é e quem não é índio" (veja-se, por exemplo, a *Folha de S.Paulo*, 17/9/1980), inquietação que culmina agora no anúncio de modificação de pelo menos dois artigos do Estatuto do Índio, um que define índios e comunidades indígenas e outro que especifica as condições necessárias para a emancipação. Não se trata, ao que parece, de um problema acadêmico, para o qual, aliás, a antropologia social tem respostas que veremos a seguir. Como a modificação anunciada permite resolver por decreto "quem é e quem não é", dando à Funai a iniciativa, até agora reservada aos interessados, de emancipar índios mesmo à sua revelia, vemos que não parece ser a curiosidade científica o móvel da pergunta. Esta indaga e não decreta. Trata-se, isso sim, segundo tudo indica, da tentativa de eliminar índios incômodos, artimanha em tudo análoga à do frade da anedota, quando, naquela sexta-feira em que devia se abster de carne, declarava ao suculento bife que cobiçava: "Eu te batizo carpa"... e comia-o em sã consciência.

O alvo mais imediato desse afã classificatório parece ser os líderes indígenas que estão aprendendo a percorrer os meandros da vida administrativa brasileira, agora ameaçados de serem declarados emancipados *ex officio*. A medida poderia acarretar até a proibição de entrarem em áreas indígenas, se continuarem incorrendo na ira do Executivo. Ou seja, os líderes poderiam ser separados de suas comunidades.

O que torna a ameaça de modificação do Estatuto mais acintosa é ter sido ela anunciada logo depois do julgamento do Tribunal Federal de Recursos, autorizando a viagem do chefe xavante Mario Juruna, impedida pelo Ministério do Interior, num claro revide a essa manifestação de independência da Justiça. O procedimento, a bem dizer, não deveria surpreender: não é a primeira vez que se mudam as regras do jogo durante a partida.

A questão real, em tudo isso, é saber o que se pretende com a política indigenista. O Estatuto do Índio, seguindo a Convenção de Genebra, da qual o Brasil é signatário, fala em seu artigo primeiro em preservar as culturas indígenas e em integrar os índios, progressiva e harmoniosamente, à comunhão nacional. Distingue, portanto, como o faz a Convenção de Genebra, entre a assimilação, que rechaça seu artigo 2º (2c) e a integração. Integração não pode, com efeito, ser entendida como assimilação, como uma dissolução na sociedade nacional, sem que o artigo 1º do Estatuto se torne uma contradição em termos. Integração significa, pois, darem-se às comunidades indígenas verdadeiros direitos de cidadania, o que certamente não se confunde com emancipação, enquanto grupos etnicamente distintos, ou seja, provê-los dos meios de fazerem ouvir sua voz e de defenderem adequadamente seus direitos em um sistema que, deixado a si mesmo, os destruiria: e isso é, teoricamente pelo menos, mais simples do que modificar uma lei. Trata-se — trocando em miúdos — de garantir as terras, as condições de saúde, de educação; de respeitar uma autonomia e as lideranças que possam surgir: lideranças que terão de conciliar uma base interna com o manejo de instituições nacionais e parecerão por isso mesmo bizarras, com um pé na aldeia e outro — por que não? — em tribunais internacionais.

Tudo isso parece longe das preocupações da presidência da Funai, mais interessada em "critérios de indianidade" que a livrassem de uns quantos índios "a mais". Esses critérios já estão consagrados na antropologia social e são aplicados na definição de qualquer grupo étnico. Entre eles, não figura o de "raça", entendida como uma subdivisão da espécie, que apresenta caracteres comuns hereditários, pois esta foi abandonada não só como critério de pertinência a grupos sociais, mas também como conceito científico. Raça não existe, embora exista uma continuidade histórica de grupos de origem pré-colombiana. Tampouco podem ser invocados critérios baseados em formas culturais que se mantivessem inalteradas, pois isso seria contrário à natureza essencialmente dinâmica das culturas humanas: com efeito, qual o povo que pode exibir os mesmos traços culturais de seus antepassados? Partilharíamos nós os usos e a língua que aqui vigoravam há apenas cem anos? Na realidade, a antropologia social chegou à conclusão de que os grupos étnicos só podem ser caracterizados pela própria distinção que eles percebem entre eles próprios e os outros grupos com os quais interagem. Existem enquanto se consideram distintos, não importando se essa distinção se manifesta ou não em traços culturais. E, quanto ao critério individual de pertinência a tais grupos, ele depende tão somente de uma autoidentificação e do reconhecimento pelo grupo de que determinado indivíduo lhe pertence. Assim, o grupo pode aceitar ou recusar mestiços, pode adotar ou ostracizar pessoas, ou seja, ele dispõe de suas próprias regras de inclusão e exclusão.

Comunidades indígenas são pois aquelas que, tendo uma continuidade histórica com sociedades pré-colombianas, se consideram distintas da sociedade nacional. E índio é quem pertence a uma dessas comunidades indígenas e é por ela reconhecido. Parece simples. Só que se conserva às sociedades indígenas o direito soberano de decidir quem lhes pertence: em última análise, é esse direito que a Funai lhes quer retirar. Claro está que índio emancipado continua índio e, portanto, detentor de direitos históricos. Mas tal não parece ser a interpretação corrente da Funai, que lava as mãos de qualquer responsabilidade em relação aos índios emancipados.

Assestadas — como já dissemos — contra as incipientes lideranças indígenas, as modificações no Estatuto podem trazer malefícios adicionais: a emancipação leva, por caminhos que já foram amplamente discutidos em 1978, à exploração de terras das comunidades indígenas. Salta aos olhos, com efeito, que se trata de uma nova versão do famigerado decreto de regulamentação da emancipação, rechaçado pela opinião pública em 1978 e, em vista disso, engavetado. Desta vez, porém, a versão é mais brutal: se o projeto do decreto era ilegal por contrariar o Estatuto do Índio, projeta-se agora alterar o próprio Estatuto, e conferem-se poderes discricionários a um tutor cuja identidade de interesses com seus tutelados não é patente.

Na verdade, o que deveria estar claro é que a posição especial dos índios na sociedade brasileira lhes advém de seus direitos históricos nesta terra: direitos constantemente desrespeitados mas essenciais para sua defesa e para que tenham acesso verdadeiro a uma cidadania da qual não são os únicos excluídos. Direitos, portanto, e não privilégios, como alguns interpretam. Uma maneira de tratar a questão é fazer como o frade do apólogo: batizar os índios de emancipados... e comê-los.

PARECER SOBRE OS CRITÉRIOS DE IDENTIDADE ÉTNICA

A questão proposta diz respeito aos critérios pelos quais se poderá decidir se uma comunidade é ou não indígena. Começarei por discutir os critérios que a antropologia social rechaçou formalmente, antes de apresentar o critério que ela reconhece.

1. Durante muito tempo, pensou-se que a definição de um grupo étnico pertencesse à biologia. Um grupo étnico seria um grupo racial, identificável somática ou biologicamente. Grupo indígena seria, nessa visão, uma comunidade de descendentes "puros" de uma população pré-colombiana. Esse critério ainda é vigente no senso comum popular. Ora, é evidente que, a não ser em casos de completo isolamento geográfico, não existe população alguma que se reproduza biologicamente sem miscigenação com os grupos com os quais está em contato. Segundo esse critério, raríssimos e apenas transitórios seriam quaisquer grupos étnicos. A maior parte dos que nós conhecemos e entendemos como tais sem sombra de dúvidas não estaria incluída

na definição. A rigor, nela só se enquadrariam alguns grupos tribais da Oceania e da América em completo isolamento.

A miscigenação, no caso do indígena brasileiro, foi fruto primeiro de alianças entre portugueses e índios, no período que antecedeu a colonização propriamente dita (1500-49), acrescida mais tarde de uniões por meio da violência. Foi corrente também, a partir do século XVII, o casamento, estimulado pelos senhores de escravos, entre escravas negras e índios das aldeias temporariamente cedidos para serviço, no intuito de atrair os índios para fora das aldeias em que haviam sido estabelecidos após terem sido "descidos" dos sertões. Tentava-se, assim, escravizar de fato os índios que estavam sob a jurisdição dos missionários. Tudo isso é explicitamente descrito na Carta Régia de 19 de fevereiro de 1696, que tenta reprimir esses abusos. A partir de 1755 e em toda a legislação pombalina, é o próprio Estado quem promove a miscigenação, recomendando casamentos de brancos e índias e até favorecendo-os com regalias. Lembremos, enfim, que a própria política de aldeamento reunia grupos indígenas distintos e favorecia a miscigenação entre eles.

Essa política de miscigenação, iniciada por Pombal no intuito confesso de criar uma população homogênea livre, acaba servindo, cem anos mais tarde, de pretexto à espoliação das terras dos aldeamentos em que haviam sido instalados os índios. Logo após a chamada Lei das Terras (Lei n. 601, de 18/9/1850), várias aldeias indígenas de Goiás, Ceará, Sergipe, Pernambuco, Rio de Janeiro e São Paulo são declaradas extintas, sob a alegação de ser sua população apenas mestiça. É de se notar, como o fez Beatriz Góis Dantas (1980: 168), que, se até os anos 1840 ninguém punha em dúvida a identidade indígena dos habitantes dos aldeamentos, a partir da Lei das Terras haverá, ao contrário, esforço explícito de usar a mestiçagem para descaracterizar como índios aqueles de quem se cobiçavam as terras.

2. O critério que veio substituir o de raça após a Segunda Guerra Mundial — essa guerra que praticou um genocídio em nome da pureza racial — foi o critério da cultura.

Grupo étnico seria, então, aquele que compartilharia valores, formas e expressões culturais. Especialmente significativa seria a existência de uma língua ao mesmo tempo exclusiva e usada por todo o grupo. No entanto, essa existência de uma língua própria não seria imprescindível: os judeus e irlandeses, por exemplo, mantiveram-se como grupos étnicos antes da recuperação de uma língua nacional, que só foi promovida há menos de um século em ambos os casos.

Embora seja relativamente satisfatório o critério cultural, na medida em que corresponde a muitas das situações empíricas encontradas, ele deve ser usado de modo adequado. Isso significa que devem dele ser erradicados dois pressupostos implícitos: a) o de tomar a existência dessa cultura como uma característica primária, quando se trata, pelo contrário, de consequência da organização de um grupo étnico; e b) o de supor em particular que essa cultura partilhada deva ser obrigatoriamente a cultura ancestral.

Para estabelecer a inadequação desses pressupostos, bastará lembrar o seguinte: se, para identificarmos um grupo étnico, recorrêssemos aos traços culturais que ele exibe — língua, religião, técnicas etc. —, nem sequer poderíamos afirmar que um povo qualquer é o mesmo grupo que seus antepassados. Nós não temos os mesmos hábitos, as mesmas instituições, nem certamente as mesmas técnicas, nem os valores e a preponderância do catolicismo dos brasileiros de há cem anos. A língua que hoje falamos diverge significativamente da que falavam nossos antepassados. Uma segunda objeção deriva de que um mesmo grupo étnico exibirá traços culturais diferentes, conforme a situação ecológica e social em que se encontra, adaptando-se às condições naturais e às oportunidades sociais que provêm da interação com outros grupos, sem, no entanto, perder com isso sua identidade própria.

Grupos indígenas do Brasil, sobretudo os de contato mais antigo com a população neobrasileira, foram induzidos a falar línguas novas, primeiro a língua geral, derivada do tupi e propagada pelos jesuítas, mais tarde o português, por imposição expressa do Diretório dos Índios pombalino (artigo 6º). Processos de discriminação contra as línguas indígenas foram usados nas escolas salesianas contemporâneas. São conhecidas ainda as situações, impostas pelo desprezo dos regionais pelos "caboclos" ou "bugres", em que os índios se envergonhavam do uso de suas línguas. A interferência nas culturas tradicionais atingiu também a religião, os costumes matrimoniais, a organização política, a tecnologia, os hábitos alimentares, estes já afetados pelo depauperização dos territórios de caça e pesca. A resistência indígena a essa interferência manifestou-se no apego a alguns traços culturais que, enfatizados, preservavam a identidade do grupo. Esse é um processo recorrente na afirmação étnica: a seleção de alguns símbolos que garantem, diante das perdas culturais, a continuidade e a singularidade do grupo. Assim, quase todas as comunidades indígenas do Nordeste preservam o ritual do *ouricuri* ou *toré* — a que ninguém, a não ser os índios, tem acesso — enquanto muitas outras tradições foram abandonadas.

Se tal processo de pôr em realce certos, mas não todos, traços culturais é generalizado, e foi amplamente descrito por antropólogos em todas as latitudes, verificou-se, porém, que era impossível predizer *quais* entre todos os traços culturais seriam enfatizados. Essa imprevisibilidade é um argumento a mais, o terceiro, contra tomar a cultura como o princípio primeiro de um grupo étnico.

3. Essas objeções são levantadas quando se adota o critério, hoje vigente, que define grupos étnicos como formas de organização social em populações cujos membros se identificam e são identificados como tais pelos outros, constituindo uma categoria distinta de outras categorias da mesma ordem (Barth 1969: 11).

Essa definição dá primazia à identificação do grupo em relação à cultura que ele exibe. Assim fazendo, resolve-se a questão da continuidade no tempo de um grupo e de sua identidade em situações ecológicas diferentes, o que, conforme vimos, seria problemático caso tomássemos os traços culturais como critérios.

Em suma, traços culturais poderão variar no tempo e no espaço, como de fato variam, sem que isso afete a identidade do grupo. Essa perspectiva está, assim, em consonância com a que percebe a cultura como algo essencialmente dinâmico e perpetuamente reelaborado. A cultura, portanto, em vez de ser o pressuposto de um grupo étnico, é de certa maneira produto deste.

Sublinhemos que essa perspectiva remonta a Weber, que, em 1922, a expõe em sua *Economia e sociedade*, e foi admiravelmente argumentada por Sartre em suas *Reflexões sobre a questão judaica* ([1946] 1960); na antropologia social, foi defendida por figuras da expressão de Leach (1954) e consagrou-se nos anos 1960 com o artigo de Moerman (1965) e, sobretudo, por dois livros fundamentais: a coletânea *Ethnic Groups and Boundaries*, de 1969, cuja introdução essencial se deve ao antropólogo norueguês Fredrik Barth, e a monografia, igualmente de 1969, *Custom and Politics in Urban Africa*, do antropólogo inglês Abner Cohen.* No Brasil, todos os antropólogos que se ocuparam da questão adotaram essa concepção de identidade étnica: Roberto Cardoso de Oliveira, certamente o antropólogo brasileiro que mais trabalhos dedicou ao assunto, alinha-se formalmente com a definição de Barth (ver Cardoso de Oliveira 1971 e 1976, entre outros). Darcy Ribeiro explicita a mesma definição ao escrever:

> [as entidades étnicas] sobrevivem à total transfiguração de seu patrimônio cultural e racial [...] a língua, os costumes, as crenças, são atributos externos à etnia, suscetíveis de profundas alterações, sem que esta sofra colapso ou mutação [...] as etnias são categorias relacionais entre grupos humanos, compos-

---

* A partir dos anos 1970, não há trabalho de antropólogo sobre questões étnicas que deixe de assumir essa definição como ponto de partida, e é de se notar que talvez tenha sido esse ramo da disciplina o que maior produção teve a partir da década de 1970, existindo dúzias de revistas especializadas que se dedicam exclusivamente a tais estudos.

tas antes de representações recíprocas e de lealdades morais do que de especificidades culturais e raciais (Ribeiro 1970: 446).

A definição de índio ou silvícola, contida no artigo 3º da Lei nº 6.001, de 19/12/1973, o chamado Estatuto do Índio, incorporou a mesma noção de que o fundamental na definição do índio é considerar-se e ser considerado como tal.

Grupos étnicos distinguem-se de outros grupos — por exemplo, de grupos religiosos — na medida em que se entendem a si mesmos e são percebidos pelos outros como contínuos ao longo da história, provindos de uma mesma ascendência e idênticos malgrado a separação geográfica. Entendem-se também a si mesmos como portadores de uma cultura e de tradições que os distinguem de outros. Origem e tradições são, portanto, o modo como se concebem os grupos, mas, em relação ao único critério de identidade étnica, o de serem ou não identificados e se identificarem como tais. Origem e tradições são, porém, elaborações ideológicas, que podem ser verdadeiras ou falsas, sem que com isso se altere o fundamento da identidade étnica.

O foco de pesquisa, como sublinha Barth (1969: 15), passa a centrar-se, portanto, nas fronteiras sociais do grupo, e não mais na cultura que essas fronteiras encerram. Uma consequência importante que *deve* ser sublinhada é que a passagem por tais fronteiras não dilui a existência do grupo nem a rigidez dessas fronteiras: pessoas podem mudar de identidade, alterando os traços culturais que demonstram e, ao fazer isso, longe de negar a pertinência da distinção entre grupos étnicos, estarão reforçando a existência de identidades distintas.

A identidade étnica de um grupo indígena é, portanto, exclusivamente função da autoidentificação e da identificação pela sociedade envolvente. Setores desta poderão, portanto, ter interesse, em dadas circunstâncias, em negar essa identidade aos grupos indígenas, conforme já vimos acima, e é importante levar-se em conta esse fator. Uma pesquisa mais minuciosa e aprofundada, além de imparcial, na região, permitirá dirimir essas dúvidas. Poderá ter havido, dados os preconceitos regionais contra os "caboclos" ou os "bugres", tendência à ocultação dessa identidade. Mas esta não desapareceu nem na consciência do grupo indígena nem na da população regional.

Enfim, cabe dizer que todos os grupos étnicos têm mecanismos de adoção ou de exclusão de indivíduos. Quanto à inclusão de um indivíduo no grupo étnico, esta depende de sua aceitação pelo grupo, o que, evidentemente, supõe sua disposição em seguir seus valores e traços culturais. Isso, como já afirmei acima, não dilui a identidade específica do grupo.

A HORA DO ÍNDIO

Retomemos uma tradição. Há cinquenta anos não se fala mais oficialmente nos direitos históricos dos índios. Instalou-se no senso comum a ideia de que os índios gozam de privilégios (e não de direitos) porque — e enquanto — não chegaram (ainda) à civilização. Até lá, é outorgada a eles uma proteção paternalista, que concede ou reprime conforme as circunstâncias, mas que tenta se substituir à vontade dos índios, a quem não ouve ou, se ouve, não respeita.

Que direitos são esses? Minimamente, direitos históricos a seus territórios, que o Estado tem o dever de garantir, direito a serem reconhecidos como povo, e direito, como todos os segmentos sociais deste país, à cidadania, isto é, a organização e representação.

SENHORES DAS TERRAS

Os direitos específicos dos índios fundamentam-se numa situação histórica igualmente específica: eles eram os senhores destas terras antes dos colonizadores. Se isso é coisa que pouco se invoca hoje, existe, no entanto, uma sólida tradição jurídica que o sustenta: frei Francisco de Vitória, dominicano espanhol do século XVI considerado um fundador do direito internacional, não só argumentava que os índios eram "verdadeiros senhores [de suas terras] pública e privadamente", mas até que o papa não tinha autoridade para atribuir os territórios da América a Espanha e Portugal. Quanto ao alegado (na época) "direito de descoberta", ele era tão injustificado, argumentava Vitória com humor seco, quanto se os índios americanos houvessem "descoberto" os espanhóis e se declarassem, por tal *razão*, senhores das terras ibéricas.

Os reis portugueses reconheceram, em várias leis, os direitos dos índios sobre suas terras: o alvará de 1º de abril de 1680, mais tarde incorporado na lei pombalina de 1755, isentava os índios de

> foro ou tributo algum sobre as terras (tanto os índios silvestres quanto os aldeados), ainda que dadas em sesmarias a pessoas particulares, porque na concessão destas se reserva sempre o prejuízo de terceiro, e quero que se entenda ser reservado o prejuízo e direitos dos índios primários e naturais senhores delas.

José Bonifácio, em 1823, começa sua proposta para a "civilização dos índios bravos" pedindo "justiça, não esbulhando mais os índios, pela força, das terras que ainda lhes restam, e de que são legítimos senhores, pois Deus lh'as deu". E Rondon e Roquette Pinto, no começo do século XX, insistem que nossa relação com os índios é a da "grande dívida, contraída desde o tempo dos nossos maiores, que foram invadindo seu território, devastando sua caça, furtando o mel de suas matas, como ainda agora nós mesmos fazemos".

Juristas como João Mendes de Almeida Júnior e Octavio de Langgaard Menezes, este em conferências diante da Academia de Direito Internacional de Haia, sustentam argumentação que vai no mesmo sentido, lembrando, o primeiro, que o indigenato é um título congênito de posse territorial, não sujeito à legitimação, em contraste com a ocupação, que é um título adquirido. É na mesma perspectiva que deve ser entendido o artigo 198 da Constituição de 1967, e presente em todas as Constituições Republicanas desde 1934, que garante as terras indígenas: reconhecimento de um direito histórico.

TUTELA: A GRANDE DÍVIDA

A tutela é consequência dessa dívida: supõe uma espécie de custódia em que o Estado ficaria responsável pela integridade das terras indígenas (que restam) e decorre de imperativos de justiça (aliás, a tutela surge no direito relativo aos índios apenas em 1831, no momento em que eles são definitivamente libertos da escravidão). Como escreve Rondon: "Longe de ser o índio pesado ao Tesouro Nacional, representa ele uma vítima social do descuido da Nação perante os princípios da Moral e da Razão". É por isso, prossegue, que o Estado tem o dever de proteger e de respeitar a organização dos povos indígenas, não procurando transformar o aborígine em trabalhador nacional. Assim, não é (como às vezes se pensa) por serem ignorantes dos usos e costumes da sociedade brasileira que os índios têm direito à proteção especial de Estado, mas em razão da grande dívida histórica.

De onde viria então essa alteração no sentido da tutela? Paradoxalmente, é também a partir da doutrina positivista que a tutela vai assumir o sentido espúrio que fez raízes no senso comum: pois se Comte repudiava julgamentos valorativos sobre outras culturas — que manifestavam passos da "marcha progressiva do espírito humano" —, era, no entanto, dever dos povos que já estavam no "estado positivo ou científico" acelerar o "desenvolvimento mental e social" dos povos no estado teológico. Havia pois, subentendida, uma missão civilizadora, que hoje aparece estreitamente paralela à ideologia cristianizadora que animava a colônia até Pombal. O valor universal da fé cristã não era questionável, como não o era, para Comte, o da civilização ocidental em que desaguava o "progresso".

É curioso, aliás, seguir o diálogo de surdos que, sob a aparência de harmonia de propósitos, se travava entre Rodolfo Miranda, ministro da Agricultura em 1910, quando da fundação do Serviço de Proteção ao Índio (SPI, que dependia desse Ministério), e Rondon, seu primeiro diretor. Enquanto Rondon proclama que sua ação é destinada a "redimir os índios do abandono e integrá-los na posse de seus direitos, respeitando sua organização social fetíchica [...] e aguardando sua evolução", Rodolfo Miranda fala explicitamente em "catequese indígena com feição republicana".

A metáfora de Comte (ou melhor, seu pressuposto) de maior sucesso e mais duráveis consequências foi, creio, a que associava o desenvolvimento da espécie e do indivíduo. Essa metáfora, que serviu de base a argumentos tautológicos, faz povos não ocidentais passarem a "primitivos" e se tornarem, para o Ocidente, testemunhas de estágios históricos anteriores. Adquiriram o *status* da "infância da humanidade" e seus membros eram, em decorrência, "grandes crianças".

Observe-se que, ao ser fundada a sociologia propriamente dita, a discussão das diferenças, até então travada no plano da natureza dos homens (o século XVI se pergunta se os índios são homens, os séculos XVIII e XIX se, sendo humanos, eles pertencem à mesma espécie zoológica dos outros povos), desloca-se para o plano da natureza das sociedades, que passam a se dispor ao longo do gradiente do progresso que desemboca — onde mais? — na nossa sociedade.

INTEGRAÇÃO E CIDADANIA

Dentro dessas premissas, a tutela passa, portanto, a ser o instrumento da missão civilizadora, uma proteção concedida a essas "grandes crianças" até que elas cresçam e venham a ser "como nós". Ou seja, respeita-se o índio como homem, mas exige-se que se despoje de sua condição étnica específica. É esta, mostra Sartre, a propósito dos judeus, a forma democrática, liberal, do racismo.

Essa concepção leva, também, a entender a integração como sinônimo da assimilação cultural. E se há algo nefasto é essa confusão de termos. O homem é um ser social, de início. Ele é dado em sociedade e não é concebível fora dela. Os direitos do homem se aplicam, portanto, a um homem em sociedade: supõem, assim, direitos das sociedades, direitos dos povos. Ora, um direito essencial de um povo é poder ser ele próprio. Querer a integração não é, pois, querer assimilar-se: é querer ser ouvido, ter canais reconhecidos de participação no processo político do país, fazendo valer seus direitos específicos.

Politicamente, os índios foram, no início da Colônia, percebidos como nações autônomas. Numa Provisão de 9 de março de 1718, o rei de Portugal chega a declarar os índios não somente livres, mas isentos de sua jurisdição. Se não foram estabelecidos tratados políticos com eles, como aconteceu nos EUA, foi em grande parte, sustenta João Mendes Júnior, pela pouca concorrência dos países europeus pelas terras brasileiras. De fato, nunca se tratou tanto os índios como nações quanto em épocas de litígios e busca de alianças: no início da Colônia, em momentos de alargamento das fronteiras portuguesas, e na questão do marquês de Pombal contra os jesuítas.

Enquanto nessas épocas se invocavam os princípios da justiça, no restante, valiam sobretudo as chamadas razões de Estado. E é sabido que o Estado tem razões que a justiça desconhece. Dentro dessa razão, os índios foram essencialmente tratados como mão de obra (escrava na maior parte) e fornecedores das "drogas do sertão". Hoje, sem peso significativo como mão de obra, suas terras são o que resta a cobiçar. Trata-se, agora, de substituí-los por gado, construir barragens, explorar minérios. O índio, em suma, é hoje totalmente supérfluo: um luxo.

OS POVOS DO BRASIL

No entanto, a proposta positivista para a Primeira Constituição Republicana declarava o Brasil constituído pelos seus Estados e pelas "hordas fetichistas empiricamente confederadas". Era o reconhecimento do Brasil como um Estado constituído de povos diversos, sujeitos à supremacia de um Estado único. Ao Brasil cumpria, nas palavras de Rondon, "reconhecer o dever que lhe cabe de respeitar a confederação empírica das hordas fetichistas espalhadas pelo território da República, mantendo com elas as relações amistosas devidas e garantindo a proteção do governo federal contra qualquer violência, quer em suas pessoas, quer em seus territórios".

Hoje, os índios têm reivindicações concretas: reclamam que se respeitem seus direitos coletivos sobre suas terras e o usufruto exclusivo de suas riquezas; que possam decidir sobre seu futuro e participar das decisões que os afetam; que sejam reconhecidos seus direitos à organização e a canais de representação, direitos individuais, por exemplo o de ir e vir livremente. Ora, as terras são constantemente violadas por particulares, mas sobretudo por obras públicas que não respeitam as garantias da Constituição; as tentativas de organização são coibidas e o chefe da Casa Civil da Presidência encaminha, ao ministro do Interior, parecer do Serviço Nacional de Informação (SNI) contendo instruções explícitas nesse sentido, conforme consta de documentos divulgados em abril de 1981 pelo Conselho Indigenista Missionário — Norte (Cimi); a tutela, enfim, é exercida pela Funai como coação sobre os índios, tidos como "grandes crianças". Quando o Tribunal Federal de Recursos pronuncia-se em julgamento exemplar, em novembro de 1980, contra essa interpretação coativa da tutela, o governo propõe uma mudança da lei, que permite punir os líderes com emancipação compulsória... Em suma, se a lei é aplicada, mude-se a lei.

Para os índios, também, está na hora de voltar ao Estado de direito.

"Critérios de indianidade ou lições de antropofagia" foi publicado originalmente na seção "Tendências e Debates", *Folha de S.Paulo*, 12/1/1981. Republicado nas revistas *Tempo e Presença*, n. 167, abr. 1981, e em inglês na *Survival International Review*, v. 6, n. 5-6, 1982.

"Parecer sobre os critérios de identidade étnica" foi escrito para informar o processo de disputa de terras dos índios Pataxó Hã-hã-hãe, do sul da Bahia, este artigo foi publicado originalmente em *O índio e a cidadania*, Lux Vidal (Org.), Editora Brasiliense e Comissão Pró-Índio SP, 1983.

"A hora do índio" foi publicado originalmente no caderno "Folhetim", *Folha de S.Paulo*, 24/5/1981, e republicado em *Índios, direitos históricos — Cadernos da Comissão Pró-Índio*, n. 3, 1981.

O FUTURO DA QUESTÃO INDÍGENA*

* Publicado originalmente em *Estudos Avançados*, v. 8, nº 20, 1994, este trabalho foi apresentado como a Conferência do Mês do Instituto de Estudos Avançados da Universidade de São Paulo (IEA-USP) em 28 de setembro de 1993.

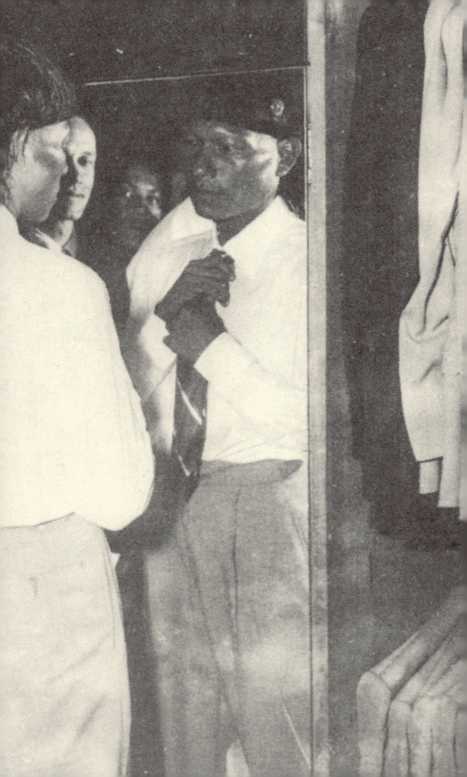

É Heródoto (*História*, 82) quem conta que os argivos e os lacedemônios, estando em guerra por causa de um território, travaram entre si duas batalhas. "Em seguida a esses acontecimentos", escreve Heródoto

> os argivos cortaram os cabelos, que até então eram obrigados a usar longos, e promulgaram uma lei, corroborada por imprecações, segundo a qual nenhum argivo deixaria crescer os cabelos [...] enquanto eles não reconquistassem Tirea; os lacedemônios, por seu turno, promulgaram uma lei em sentido contrário, segundo a qual, daí em diante, eles, que até então não usavam cabelos longos, passariam a usá-los.

Há dois modos básicos de entender a noção de cultura e de identidade. O primeiro, a que poderíamos chamar, por simples conveniência, de *platônico*, percebe a identidade e a cultura como *coisas*. A identidade consistiria em, pelo menos como um horizonte almejado, o de ser *idêntico* a um modelo, e suporia assim uma essência, e a cultura seria um conjunto de itens, regras, valores, posições etc. previamente dados. Como alternativa a essa perspectiva, pode-se entender a identidade como sendo simplesmente a percepção de uma continuidade, de um processo, de um fluxo: em suma, uma memória. A cultura não seria, nessa visão, um conjunto de traços dados e sim a possibilidade de gerá-los em sistemas perpetuamente cambiantes.

Por comodidade, poderíamos chamar essa postura de *heraclitiana*. Em vários trabalhos anteriores, explorei os aspectos ligados a essa posição heraclitiana, com respeito à etnicidade, que repousa precisamente sobre a noção de identidade e sobre o conceito-chave da antropologia, a saber, a cultura. Apontei que a cultura, ao substituir a noção de raça, herdou no entanto sua reificação. E mostrei, usando a analogia do totemismo, que se podem pensar as culturas, em sociedades multiétnicas, de forma não essencialista e sim estrutural (Carneiro da Cunha 2009, cap. 14).

Talvez valha a pena explicitar meu argumento: do mesmo modo que o totemismo usa categorias naturais para expressar distinções sociais, a etnicidade se vale de objetos culturais para produzir distinções dentro das sociedades em que vigora. A etnicidade é portanto uma linguagem que usa signos culturais para falar de segmentos sociais.

As espécies naturais existem em si, são dadas no mundo. Têm uma coerência interna, uma fisiologia que anima e concatena suas partes. Mas não é na sua inteireza que elas interessam ao totemismo. São suas diferenças culturalmente selecionadas que as tornam passíveis de organização em um sistema que passa a comandar um outro significado. O que acontece se passamos das espécies naturais usadas no totemismo para espécies culturais usadas nas sociedades multiétnicas? Do mesmo modo que a fisiologia comanda cada espécie natural, as culturas são sistemas cujas partes interdependentes são determinadas pelo todo que as organiza. Se elas passam a ser usadas, por sua vez, como signos em um sistema multiétnico, elas, além de serem totalidades, tornam-se também partes de um novo, de um metassistema, que passa a organizá-las e a conferir-lhes, portanto, suas posições e significados. E, solidariamente com a mudança do sistema de referência, sem que nada tangível tenha mudado nos objetos, muda também o significado dos itens culturais.

Ou seja, sob a aparência de ser o mesmo, de ser fiel, de ser tradicional, o traço cultural alterou-se. E, reciprocamente, sua alteração em função de um novo sistema não significa mudança étnica: os argivos — sem deixar de ser argivos — cortaram seus cabelos, que antes usavam longos, e os lacedemônios, que os usavam curtos, deixaram-nos crescer. Não deixaram de ser lacedemônios.

Os traços culturais tornam-se assim no mínimo bissêmicos: um primeiro sentido prende-se ao sistema interno, um segundo ao sistema externo. Usar um cocar *pariko* em um ritual bororo é uma coisa, usá-lo em uma coletiva de imprensa para reivindicar direitos indígenas na Assembleia Constituinte é outra. Mas, como objeto, o cocar é o mesmo, e é essa mesmice do objeto que nos induz em erro. Os signos étnicos podem ser elaborados com todas as regras da arte tradicional e, no entanto, terem um significado externo à cultura em que se originaram: não por serem falsos, mas por serem comandados por um sistema que extrapola a cultura tradicional. São, de certa forma, como trocadilhos, que participam de mais de um código semântico.

Entender esses processos não é somente importante para a definição de identidade étnica. Na realidade, toda a questão indígena (e não só ela) está eivada de semelhantes reificações. No século XVI, os índios eram ou *bons selvagens* para uso na filosofia moral europeia, ou abomináveis antropófagos para uso na colônia. No século XIX, eram, quando extintos, os símbolos nobres do Brasil independente e, quando de carne e osso, os ferozes obstáculos à penetração que convinha precisamente extinguir. Hoje, eles são ora os puros paladinos da natureza ora os inimigos internos, instrumentos da cobiça internacional sobre a Amazônia.

Há vários anos, um personagem de nossa vida pública declarou que não era ministro: apenas estava ministro. Eu diria o mesmo dos índios: não *são* nada disso, apenas *estão* ocupando certas posições no nosso imaginário. Ou seja, qualquer essencialismo é enganoso. A posição das populações indígenas dependerá de suas próprias escolhas, de políticas gerais do Brasil e até da comunidade internacional. Para ser mais específica, entrarei agora mais detalhadamente nas características atuais da questão indígena.

POPULAÇÃO

A primeira observação é que, desde os anos 1980, a previsão do desaparecimento dos povos indígenas cedeu lugar à constatação de uma retomada demográfica geral. Ou seja, os índios estão no Brasil para ficar.

Sabe-se que o primeiro contato de populações indígenas com outras populações ocasiona imensa mortandade, por ser a barreira imunológica desfavorável aos índios (ao contrário do que ocorreu na África, em que a barreira favorecia os africanos em detrimento dos europeus).

Essa mortandade, no entanto, contrariamente ao que se quer crer, não tem causas unicamente naturais: entre outras coisas, ela pode ser evitada com vacinações, atendimento médico e assistência geral. Estudos de caso recentes mostraram que, nessas epidemias, os índios morrem sobretudo de fome e até de sede: como toda a população é acometida pela doença ao mesmo tempo, não há quem socorra e alimente os doentes. Foi o que provavelmente aconteceu entre 1562 e 1564, quando foram dizimadas as aldeias jesuítas da Bahia, onde se haviam reunido milhares de índios, o que facilitou o contágio. Os sobreviventes, movidos pela fome, vendiam-se a si mesmos em escravidão (Carneiro da Cunha 2009, cap. 10). Hoje a mortandade do primeiro contato, como a que ocorreu entre os Yanomami durante a construção da rodovia Perimetral Norte e que perdura com a malária trazida pelos garimpeiros (que vitimou cerca de 15% da população yanomami entre 1988 e 1990), é algo inadmissível e grave responsabilidade do Estado.

Após o primeiro contato, os grupos que conseguem sobreviver iniciam uma recuperação demográfica: assim foi com a América como um todo, que perdera grande parte de sua população aborígine entre 1492 e 1650, provavelmente uma das maiores catástrofes demográficas da humanidade. Cada avanço da fronteira econômica no país dá origem a um ciclo semelhante. Muitos grupos indígenas foram contatados no início dos anos 1970, durante o período do chamado "milagre brasileiro", e estão agora iniciando esse processo de recuperação demográfica.

Outro fator de crescimento populacional, embora de menor impacto demográfico, é que muitos grupos, em áreas de colonização antiga, após terem ocultado sua condição discriminada de indígenas durante décadas, reivindicam novamente sua identidade étnica. No século XIX, sobretudo no Nordeste, com o falso pretexto da inexistência ou de uma assimilação geral dos índios, as terras dos aldeamentos foram liquidadas e por sinal duramente disputadas entre os poderes locais. Ressurgem agora etnias, sobretudo no Leste e no Nordeste, que reclamam terras — em geral diminutas, mas que por se encontrarem em áreas densamente povoadas enfrentam oposição violenta. Os embates legais travam-se geralmente em torno da identidade indígena e aqui o modelo que eu chamei *platônico* da identidade é amplamente invocado, tanto por parte dos fazendeiros quanto por parte dos próprios índios, forçados a corresponderem aos estereótipos que se têm deles.

Garantia de terras, apoio sanitário, apoio legal têm, portanto, profundo impacto na retomada demográfica dos índios, que apenas se inicia. Nos EUA, a população indígena em 1890 era da ordem da população indígena brasileira nos nossos dias. Cem anos mais tarde, essa população havia quadruplicado: no censo de 1990, registravam-se 1,9 milhão de *nativos americanos*. É possível que ascenso semelhante se verifique no Brasil, cuja população indígena já aumentou entre 1983 e 1993 e situa-se, provavelmente, em torno de 250 mil.[1] Mas nunca se voltará à situação de 1500, quando a densidade demográfica da várzea amazônica era comparável à da Península Ibérica: 14,6 habitantes por km^2 na primeira (de acordo com Denevan 1976: 230), contra 17 habitantes por km^2 em Espanha e Portugal (Braudel 1979: 42).

TERRAS

O grande contingente populacional indígena localiza-se, não por acaso, na Amazônia. Não por acaso, dizem também os que defendem teorias conspiratórias, como se os índios fossem a ponta de lança de interesses escusos internacionais. Chegou-se a dizer que se traziam índios para onde houvesse riquezas minerais. Os índios são mais numerosos na Amazônia pela simples razão de que grande parte da região ficou à margem, nos séculos passados, dos surtos econômicos. O que se prova até pelas exceções: onde houve borracha, por exemplo no Acre, as populações e as terras indígenas foram duramente atingidas, e a maior parte dos sobreviventes dos grupos pano do Brasil hoje estão em território peruano. Quanto aos Yanomami, habitam terras altas que até recentemente não interessavam a ninguém. As populações indígenas encontram-se hoje onde a predação e a espoliação permitiram que ficassem.

Os grupos da várzea amazônica foram dizimados a partir do século XVII pelas tropas que saíam em busca de escravos. Incentivou-se a guerra entre grupos indígenas para obtê-los e procedeu-se a maciços descimentos de índios destinados a alimentar Belém de mão de obra. No século XVIII, como escrevia em 1757 o jesuíta João Daniel, encontravam-se nas missões do baixo Amazonas índios de "trinta a quarenta nações diversas". Alguns grupos apenas foram mantidos nos seus lugares de origem para que atestassem e defendessem os limites da colonização portuguesa: foram eles os responsáveis pelas fronteiras atuais da Amazônia em suas regiões. É o caso dos Macuxi e Wapixana, na Roraima atual, chamados no século XVIII de *muralhas do sertão*. O barão de Rio Branco e Joaquim Nabuco fundamentaram na presença desses povos e nas suas relações com os portugueses a reivindicação brasileira na disputa de limites com a então Guiana inglesa, no início do século XX. E há quem venha agora dizer que os Macuxi se instalaram apenas recentemente na área Raposa Serra do Sol! Do ponto de vista da justiça histórica, é chocante hoje se contestar a conveniência de grupos indígenas povoarem as fronteiras amazônicas que eles ajudaram a consolidar.

Outra objeção que frequentemente se levanta, paradoxal em um país ocupado por latifúndios numa proporção que beira os 50% (48,5%), é o tamanho das terras indígenas na Amazônia. Já vimos as razões pelas quais elas se concentram na região, longe das áreas de colonização antiga. Mas grandes áreas na Amazônia não são o privilégio de alguns grupos indígenas. A Manasa Madeireira Nacional tinha, em levantamento do Incra de 1986, nada menos do que 4 milhões e 140 mil hectares no Amazonas: área maior que a Bélgica, a Holanda ou as então duas Alemanhas reunidas. Em outras regiões do Brasil, a mesma Manasa tinha mais meio milhão de hectares. A Jari Florestal Agropecuária Ltda., em 1993, tinha quase três milhões de hectares no Pará. E assim por diante. E, nesse caso, contrariamente às terras indígenas, que pertencem à União, trata-se de terras particulares.

Em matéria de territórios indígenas, o Brasil está longe da liderança. No Canadá, criou-se em dezembro de 1991 (*Folha de S.Paulo*, 5/9/1993: 3-4) um território semiautônomo esquimó (ou inuit) de cerca de 2.000.000 km^2 (cerca de 20% do território total do Canadá, e em área contínua), equivalente aos estados de Amazonas, Amapá, Acre e Roraima juntos, com 17.500 habitantes. Em 1/6 do território, os Inuit têm controle absoluto das riquezas naturais e autogoverno. Nos outros 5/6, recebem 5% sobre a exploração de riquezas naturais. Trata-se de território contínuo que, sozinho, totaliza mais do que o dobro de todas as áreas indígenas brasileiras.

No Brasil, com efeito, contam-se em 1993, 519 terras indígenas esparsas que, juntas, totalizam 10,52% do território nacional, com 895.577,85 km². Apesar de a Constituição (no art. 67 das disposições transitórias) prever a data de 5 de outubro de 1993 para a conclusão das demarcações dessas áreas, cerca de metade (256) estão demarcadas fisicamente e homologadas (cedi 1993). As demais 263 áreas estão em diferentes estágios de reconhecimento, desde as 106 totalmente sem providências até as 27 demarcadas fisicamente, mas ainda não homologadas. Acrescente-se o dado muito relevante de que cerca de 85% das áreas indígenas sofrem algum tipo de invasão.[2]

DIREITOS

O princípio dos direitos indígenas às suas terras, embora sistematicamente desrespeitado, está na lei desde pelo menos a Carta Régia de 30 de julho 1609. O Alvará de 1º de abril de 1680 afirma que os índios são "primários e naturais senhores" de suas terras, e que nenhum outro título, nem sequer a concessão de sesmarias, poderá valer nas terras indígenas. É verdade que as terras interessavam, na Colônia, muito menos que o trabalho indígena. Mas até quando se inverte o foco desse interesse, em meados do século XIX, e, menos do que escravos, se querem títulos sobre terras, ainda assim se respeita o princípio. Para burlá-lo, inaugura-se um expediente utilizado até hoje: nega-se sua identidade aos índios. E, se não há índios, tampouco há direitos. Quanto ao direito constitucional, desde 1934, é respeitada a posse indígena inalienável das suas terras. Diga-se em sua honra, foi na bancada amazonense que teve origem a emenda que consagrou esses direitos em 1934 (Carneiro da Cunha 1987: 84-ss). Todas as Constituições subsequentes mantiveram e desenvolveram esses direitos, e a Constituição de 1988 deu-lhes sua expressão mais detalhada.

Qual é a situação legal dos índios e de suas terras? Sem entrar em muitos detalhes, salientarei alguns dados fundamentais para o que aqui nos interessa. Os índios têm direitos constitucionais, consignados em um capítulo próprio e em artigos esparsos da Constituição Federal de 1988. A Constituição trata sobretudo de terras indígenas, de direitos sobre recursos naturais, de foros de litígio e de capacidade processual. Pela Constituição, as terras indígenas são de propriedade da União e de posse inalienável e usufruto exclusivo dos índios. A Constituição não trata da tutela, que é um dispositivo enxertado no Código Civil de 1916. Digo enxertado porque não constava do projeto original de Clóvis Bevilacqua e foi acrescentado para garantir, por analogia com um instituto já existente, proteção especial aos índios. Eles foram assim enquadrados na categoria de *relativamente capazes*, que engloba os menores entre 16 e 21 anos, os pródigos e, até 1962, quando se as retirou do artigo, as mulheres casadas! Trata-se, como se percebe pela presença na mesma categoria de "relativamente capazes" dos pródigos e menores entre 16 e 21 anos, de defender os índios nas suas transações negociais, tentando impedir que sejam lesados.

Na legislação ordinária destaca-se o chamado Estatuto do Índio (Lei 6001 de 19/12/1973), que regula os detalhes dos direitos indígenas. Dadas as novas formulações da Constituição de 1988, faz-se necessária uma revisão desse Estatuto, e tramitam no Congresso várias propostas de lei nesse sentido.[3]

Há por fim convenções internacionais ratificadas pelo Brasil que dizem respeito aos índios e das quais a principal seria a Convenção 107 da Organização Internacional do Trabalho (OIT). Em 1989, a OIT aprovou a revisão da Convenção 107, dando origem à Convenção 169. Está tramitando no Congresso Nacional a proposta de ratificação dessa forma revisada.[4]

Saliento aqui que somente uma Convenção Internacional ratificada pelo país tem valor legal. Falou-se muito da *ameaça* que a Declaração dos Direitos dos Povos Indígenas, atualmente em análise na Subcomissão para a Prevenção da Discriminação e Proteção das Minorias, da Comissão de Direitos Humanos da Organização das Nações Unidas (ONU), faria pesar sobre a soberania brasileira. Sem entrar ainda na análise do conteúdo, quero só fazer notar que uma Declaração desse tipo não tem qualquer poder de implementação, nem sequer nos foros internacionais.[5]

SUBSTRATO DAS RECENTES DECLARAÇÕES

Os novos instrumentos internacionais, como a Convenção 169 da OIT (de 1989) e a Declaração dos Direitos dos Povos Indígenas, baseiam-se em uma revisão, operada nos anos 1970 e sobretudo 1980, das noções de progresso, desenvolvimento, integração e discriminação ou racismo.

Em poucas palavras, as versões pós-guerra dos instrumentos de direitos humanos baseavam-se essencialmente no *direito à igualdade*.

Mas esse direito, que brotava de uma ideologia liberal e respondia a situações do tipo *apartheid,* foi largamente entendido como um dever; e a igualdade, que era de essência política, foi entendida como homogeneidade cultural. O direito à igualdade redundava pois em um dever de assimilação. Outras equivalências perversas se alastraram: integração e desenvolvimento passaram a sinônimos de assimilação cultural, discriminação e racismo a reconhecimento das diferenças. O antirracismo liberal, como tão bem analisou Sartre ([1946] 1960) — nas suas "Reflexões sobre a questão judaica" —, só é generoso com o indivíduo, nunca com o grupo. Aceita-o desde que se dispa de sua particularidade étnica. Por supor uma igualdade básica, exige uma assimilação geral. Não é diferente nesse sentido a *Bula Veritas Ipsa* de Paulo III, que, em 1537, reconhecia a humanidade dos índios: eram humanos, portanto... passíveis de serem tornados iguais. Tinham alma, portanto... era obrigação dos reis cristãos batizá-los. Essa pseudogenerosidade que quer conceder a todos a possibilidade (inteiramente teórica) de se tornarem semelhantes a nós deriva de um etnocentrismo que se ignora a si mesmo.

Nos anos 1970 e 1980, desencadeia-se uma crise de confiança nas ideias-chave de progresso e desenvolvimento, na qual o movimento ecológico teve relevante papel. Sob o impacto dessa crise, o enfoque muda: as declarações internacionais passam a falar em etnodesenvolvimento — como a Declaração de San José, da Organização das Nações Unidas para a Educação, a Ciência e a Cultura (Unesco 1981) —, direito à diferença, valor da diversidade cultural... Direito à diferença, entenda-se, acoplado a uma igualdade de direitos e de dignidade.

Seja como for, as declarações e instrumentos internacionais falam crescentemente, desde o fim dos anos 1970, de "povos indígenas". O receio de alguns Estados, e do Brasil em primeira linha, é de que o termo "povos" possa implicar o *status* de sujeito de Direito Internacional e, de acordo com a Carta das Nações Unidas (artigo 1.2), que reconhece o princípio da autodeterminação dos povos, pôr em risco a integridade do território. No entanto, tanto "povos" como "autodeterminação" podem ter entendimentos variados. O fato é que o termo "povos" se generalizou sem implicar ameaças separatistas, muito menos no Brasil, em que o tamanho diminuto das etnias e sua pulverização territorial não permitiriam sequer pensá-lo. Para dissipar mal-entendidos, a Convenção 169 da OIT e o Acordo Constitutivo do Fundo para o Desenvolvimento dos Povos Indígenas na América Latina e Caribe, criado em 1991, rechaçam explicitamente as implicações temidas pelo Brasil. No seu artigo 1º, parágrafo 3º, a Convenção 169 diz: "A utilização do termo povos nesta Convenção não deverá ser interpretada como tendo qualquer implicação com respeito aos direitos que se possa conferir a esse termo no direito internacional". A vulgarização do termo "povos" nos textos internacionais está indo *pari passu* com a exclusão explícita de direitos à soberania. Por sua parte, "autodeterminação" está sendo interpretada nos mesmos textos como vigência do direito costumeiro interno e participação política dos povos indígenas nas decisões que os afetam, não como reivindicação de soberania. É portanto suspeito, para dizer o mínimo, o grande alarde que se fez na imprensa sobre a ameaça que a Declaração da ONU faria pesar sobre a Amazônia.

Outra variante desse mesmo alarde foi o alegado perigo que a existência de áreas indígenas em faixa de fronteira poderia representar para a segurança nacional. Curiosamente, esse espectro foi brandido a propósito dos Yanomami e não de outras etnias que também têm população de um lado e de outro das fronteiras. O senador Jarbas Passarinho, na época ministro da Justiça, que assinou a Portaria reconhecendo a área yanomami, foi duramente criticado por setores das Forças Armadas. Ele deu a essas críticas, na *Revista do Clube Militar* (dirigida por ele em 1954 e 1955), uma resposta contundente, em que fala o óbvio: "Qual o risco para a soberania nacional? Nenhum. Pode haver, se assim julgar o Governo, e sem nenhuma necessidade de ouvir o Congresso, a instalação de tantos pelotões ou companhias de fuzileiros quantas quisermos". E continua lembrando que as terras indígenas, sendo propriedade da União, se houver "superposição com a faixa de fronteira, a União é duplamente proprietária. Ela exerce sua soberania tanto para com os índios quanto para garantir nossa fronteira, assegurando plenamente a integridade do território brasileiro". A *Revista do Clube Militar*, em nota final ao artigo do senador Passarinho, declara no entanto que mantém suas críticas.

Especialistas, como o coronel Cavagnari, coordenador do Núcleo de Estudos Estratégicos da Universidade de Campinas (Unicamp), sublinharam em entrevistas (*Folha de S.Paulo*, 12/8/1993) a funcionalidade de inimigos, seja externos como a ONU ou os EUA, seja internos, como os índios, para a existência e recursos das Forças Armadas, carentes de uma missão desde o fim da Guerra Fria: não há dúvida de que conseguiram, graças a esses inimigos, recursos inesperados e com dispensa de licitação.

Pessoalmente, não gosto de versões conspiratórias, mas fez-me refletir uma notícia que veio à tona no *New York Times*: testes feitos em 1984 do programa Guerra nas Estrelas nos Estados Unidos, e cujo êxito teve na época grande repercussão, teriam sido forjados tanto para se obterem mais verbas para o programa do Congresso americano quanto para impressionarem a União Soviética, levando-a a se arruinar um pouco mais rapidamente na corrida armamentista. Práticas dessa ordem, em que o Pentágono e a CIA estariam envolvidos, não seriam, segundo a revista *Time* (30/8/1993: 28-29), grandes novidades.

Acho que as Forças Armadas, ou pelo menos alguns de seus setores, têm o grande mérito de planejar a longo prazo. É disso que eu gostaria de falar agora, deixando fantasmas de lado. Ou seja, gostaria de discutir alternativas a longo prazo para nosso convívio com as sociedades indígenas.

ALTERNATIVAS

O grande pomo de discórdia, afastados todos os falsos pretextos, alguns dos quais já evoquei, é o tema da exploração dos recursos minerais e dos recursos hídricos em áreas indígenas. Dadas as condições econômicas, o aproveitamento dos recursos hídricos encontra-se num limbo, mas a questão mineral está mais viva do que nunca e provavelmente na origem das investidas contra os direitos dos índios.

A Constituição de 1988 prescreve procedimentos especiais quando se trata da exploração de recursos hídricos e minerais em terras indígenas. Não há proibição de explorá-los, mas salvaguardas especiais. Essas salvaguardas consistem na necessidade de autorização prévia do Congresso Nacional, caso a caso, ouvidas as comunidades afetadas, que terão participação no resultado da lavra.

O que está em causa, na realidade, é o modelo que o país deseja para si mesmo e o papel das populações indígenas nesse modelo. Temos hoje, no Brasil, a possibilidade de estabelecer um planejamento estratégico que beneficia o país e abre espaço para um papel importante das populações tradicionais da Amazônia, populações que até agora sempre foram relegadas a um plano secundário, quando não vistas como obstáculos.

A riqueza da Amazônia — sem falar de seus recursos humanos — não compreende apenas seus minérios, suas madeiras, seus recursos hídricos, mas também sua biodiversidade e os conhecimentos de que se dispõe acerca delas.

Considere-se o seguinte: há pelo menos umas 250 mil espécies vegetais, das quais cerca de 150 são bastante usadas como alimento; mas 95% da alimentação mundial repousa sobre apenas trinta espécies, o que torna a humanidade particularmente vulnerável, já que o aparecimento de novos vírus pode afetá-las e provocar a fome mundial. Daí decorre a importância estratégica fundamental de bancos genéticos e de sementes que permitam novos pontos de partida. Nos anos 1970, uma espécie selvagem de milho foi descoberta no México. Trata-se da única espécie perene de milho e é resistente a doenças. Essa preciosidade foi descoberta *in extremis*: subsistiam apenas dez hectares de terra no mundo em que ela podia ainda ser encontrada. Mas que foi feito das 30 mil variedades de arroz que os agricultores indianos cultivavam originalmente?

As variedades vegetais evoluem e eventualmente coevoluem com micro-organismos. A conservação no seu local de origem é tão essencial quanto a conservação nos bancos de germoplasma. Essa conservação não é obra simplesmente da natureza: gerações de cultivadores foram cruciais para descobrir o valor das espécies, selecioná-las e mantê-las até nossos dias. Por isso a Organização das Nações Unidas para a Alimentação e a Agricultura (FAO-ONU) reconheceu os direitos dos agricultores (leia-se: populações tradicionais) em virtude de sua contribuição à conservação, melhoria e disponibilidade dos recursos fitogenéticos e estabeleceu um Fundo Internacional para os recursos fitogenéticos que deveriam remunerar essa contribuição.

Estima-se em cerca de 1,5 milhão o número de espécies vivas no planeta. Por onde começar a explorar essa riqueza que continuamente diminui antes que possamos realmente avaliá-la? Como descobrir em prioridade as virtudes medicinais de certas espécies? O conhecimento acumulado por gerações de populações tradicionais tem sido o guia mais usado nas pesquisas.

Tudo isso aponta para dois aspectos: primeiro, que a riqueza biológica é uma das mais estratégicas para o século XXI. O germoplasma, segundo o Instituto de Recursos Mundiais em Washington, pode ser o petróleo da Era da Informação (Elkington 1986, apud Kloppenburg Júnior & Vega 1993). Segundo, que o conhecimento das populações tradicionais, e especialmente das populações indígenas, é fundamental para sua exploração.

O Brasil, como vários países do Hemisfério Sul, é biologicamente rico. Porém, mais do que a maioria dos países, é rico também em populações que conservam e desenvolvem conhecimentos sobre as espécies vivas. O que parecia pobreza, o pequeno número de indivíduos em cada sociedade indígena, a ênfase na diversidade de produtos e na exploração ampla dos recursos em vez de uma agricultura centrada em poucas espécies, revela-se agora um trunfo.

Até agora, essa informação genética e o conhecimento acumulado sobre a natureza não entraram realmente no mercado. Mas o mundo (e os bancos multilaterais já o têm demonstrado) está disposto a contribuir para algo que é essencial para todos. É preciso estabelecer ou reforçar os mecanismos para tanto.

Resumindo: em uma perspectiva estratégica, é irracional querer abrir todas as áreas da Amazônia à exploração indiscriminada.

As populações indígenas têm direito a seus territórios por motivos históricos, que foram reconhecidos no Brasil ao longo dos séculos. Mas esses direitos não devem ser pensados como um óbice para o resto do país: ao contrário, são pré-requisito da preservação de uma riqueza ainda inestimada mas crucial. O que se deve procurar, no interesse de todos, é dar as condições para que essa riqueza não se perca. Fazem-se assim coincidir os direitos dos índios com os interesses da sociedade brasileira. Foi nessa mesma perspectiva que a Coordenação Nacional dos Geólogos defendeu na Assembleia Constituinte (e contra as mineradoras) que as áreas indígenas se tornassem reservas nacionais de recursos minerais, ou seja, as últimas a serem exploradas.

Para a conservação da riqueza biológica, o raciocínio deveria ser semelhante: em 1990, as áreas ambientais protegidas na Amazônia (federais e estaduais) somavam aproximadamente 17 milhões de hectares. Avalia-se que, se a floresta tropical for preservada apenas nos parques e reservas ambientais existentes, 66% das espécies podem ser extintas. Tanto para evitá-lo quanto para preservar conhecimentos, é preciso estabelecer um novo pacto com as populações indígenas, para que contribuam para a conservação da riqueza brasileira.

Por que é necessário um pacto? Porque, contrariamente à visão ingênua que muitos têm dos índios, não se pode esperar que *naturalmente* eles se encarreguem desse serviço à coletividade. As sociedades indígenas, vivendo em suas formas tradicionais e em territórios suficientemente amplos, têm preservado e enriquecido seu meio ambiente, já que dependem dele. Muitas têm até mantido, em áreas de devastação como no corredor da Grande Carajás, ilhas de preservação relativa. Mas a pressão externa é grande sobre seus recursos naturais, sejam eles madeira ou recursos minerais, e essa pressão toma a forma de cooptação ou divisão de lideranças. Toma às vezes formas ainda mais graves: no dia 14 de agosto de 1993, o chefe nambikwara Pedro Mamaindé, que impedia a venda de madeira da Área Indígena Vale do Guaporé, foi assassinado por outro índio, Sebastião Pareci, o qual, pelo que se sabe, tinha ligações com madeireiras da cidade de Comodoro, no estado de Mato Grosso. É por isso que propostas de regulamentação da mineração, como as que apresenta em 1993 o Ministério de Minas e Energia, são perigosas. No lugar de verificar a essencialidade para o país de se minerar em determinada área, propõe-se a simples consulta à comunidade, à qual se oferece, por outra parte, substancial remuneração. É fácil prever o desfecho de tais ofertas, em comunidades privadas de alternativas.

A Floresta Amazônica e a biodiversidade interessam ao mundo, e o mundo está disposto a pagar por elas. Já há mecanismos como o Fundo Global de Meio Ambiente, gerido pelo Banco Mundial, que compensa regiões ou países por renunciarem ao aproveitamento imediato de uma riqueza em favor da conservação ambiental. Assim, se Roraima aceitar o desintrusamento de suas áreas indígenas poderá se beneficiar, entre outras coisas, da pavimentação da estrada que liga Manaus à Venezuela ou da construção de pequena hidrelétrica. O que é verdade para o Brasil, e para Roraima, deve também ser verdade para as sociedades indígenas: ou seja, a elas também se deve compensar, oferecendo alternativas sustentáveis para a obtenção de recursos.

Muitas lideranças indígenas já demonstraram seu interesse referente ao pacto de que estou falando: é o caso em particular do yanomami Davi Kopenawa, era o caso do chefe mamaindé assassinado. Nem mais índios nem menos índios do que os Kayapó, que, renunciando a combater o garimpo que os invadia de todos os lados, resolveram tolerá-lo e taxá-lo.

Volta à surrada ideia do "bom selvagem" ecológico? Sim e não. Sim, como possibilidade de um papel importante para os índios no nosso futuro comum; não, porque esse papel não repousa sobre alguma essência que lhes seja atribuída. A posição dos índios no Brasil de hoje e de amanhã se desenhará na confluência de várias opções estratégicas, tanto do Estado brasileiro e da comunidade internacional quanto das diferentes etnias. Trata-se de parceria.

SOCIODIVERSIDADE

Deixei por último uma questão crucial, a da chamada sociodiversidade. As *culturas* constituem para a humanidade um patrimônio de diversidade, no sentido de apresentarem soluções de organização do pensamento e de exploração de um meio que é, ao mesmo tempo, social e natural. Como fez notar Lévi-Strauss em uma conferência feita no Japão, nesse sentido a sociodiversidade é tão preciosa quanto a biodiversidade. Creio, com efeito, que ela constitui essa reserva de achados na qual as futuras gerações poderão encontrar exemplos — e quem sabe novos pontos de partida — de processos e sínteses sociais já postos à prova. Esse ponto de vista, por mais natural que nos possa parecer hoje, não é autoevidente. Supõe ter caducado o modelo ingenuamente evolucionista que dominou nossa civilização durante mais de um século e que impregnou o senso comum. O *progresso* erigiu uma história particular, a nossa, em ponto de chegada da humanidade. Tivemos em 1993, na Universidade de São Paulo (USP), uma conferência na qual Stephen Jay Gould enfatizou que o sucesso da cadeia evolutiva que *culminou* nos vertebrados e no homem dependeu apenas de uma loteria, não de uma necessidade. Não havia nada melhor, ou mais adaptativo, na cadeia que prosperou do que em várias outras cadeias que abortaram. Foi acaso e não necessidade. Com isso, perderam-se formas vivas, algumas muito promissoras. Se quisermos continuar a usar a evolução como paradigma, teremos de avaliar também as nossas perdas sociais: processos desaparecidos e línguas mortas são, como as variedades botânicas extintas ou as cadeias evolutivas que abortaram, possibilidades aniquiladas.

Não se pense que há contradição entre essa perspectiva e a de que as culturas são entidades vivas, em fluxo. Quando se fala do valor da sociodiversidade, não se está falando de traços e sim de processos. Para mantê-los em andamento, o que se tem de garantir é a sobrevivência das sociedades que os produzem. No início desta conferência mencionei que os sistemas multiétnicos sobredeterminam os sistemas sociais: à lógica interna que os anima acrescentam uma lógica externa que os coloca em relação com outros sistemas. Mas, do mesmo modo que o totemismo não dissolve as espécies vivas, tampouco o sistema multiétnico dissolve as sociedades tradicionais. No nosso mundo atual, ele é, pelo contrário, sua condição de sobrevivência.

NOTAS

1 No censo de 2010, 817 mil brasileiros se declararam indígenas. Para um acompanhamento cuidadoso da demografia e da situação das terras indígenas, a melhor fonte disponível é o Instituto Socioambiental (ISA), instituição que sucedeu ao Centro Ecumênico de Documentação e Informação (CEDI).
2 Para atualização permanente desses dados, recorra-se ao site do ISA. Em 2009, eram 636 as terras indígenas — somando 110.670.366 hectares (1.106.704 km^2) —, das quais 411 estavam demarcadas e homologadas.
3 E continua o impasse em 2012...
4 A Convenção 169 da OIT foi ratificada pelo Congresso brasileiro em 2002.
5 A Declaração foi finalmente aprovada em 2007 e, contrariamente aos EUA, Canadá, Nova Zelândia e Austrália, que votaram contra a aprovação, e aos onze países que se abstiveram (inclusive Colômbia), o Brasil votou pela aprovação.

BIBLIOGRAFIA

ABREU, Capistrano de. "Breves traços da história do Brasil", in *O Brasil, suas riquezas naturaes, suas industrias* [1907], 3 vols, pp.1-22.

ACOSTA, José de. *Historia natural y moral de las Indias* [1590]. Ed. E. Gorman. México: Fondo de Cultura Economica, 1940.

ANCHIETA, José de. *Cartas. Correspondência ativa e passiva* [1553-1584]. *Obras completas*, v. 6 (organização, introdução e notas de Hélio Viotti). São Paulo: Loyola, 1984.

_____. *Teatro de Anchieta* [1561-1597]. *Obras completas*, v. 3. (introdução e notas de Armando Cardoso). São Paulo: Loyola, 1977.

ANDERSON, Robin. "The Caboclo as revolutionary: the Cabanagem revolt", in "The Amazon Caboclo: historical and contemporary perspectives". *Studies in Third World Societies* 32, 1985, pp. 51-88.

ANDRADE, Maristela de Paula. Terra de índios, terra de uso comum e resistência camponesa. Tese de doutoramento, USP, 1990.

BAENA, Antonio Ladislau Monteiro. "Representação ao Conselho Geral da província do Pará sobre a especial necessidade de um novo regulamento promotor da civilização dos índios da mesma província", *Annaes da Bibliotheca e Archivo Publico do Pará*. Belém, 1902, t. 2, pp. 241-86.

BARBOSA, cônego Januário da Cunha. "Qual seria hoje o melhor systema para colonizar os Índios entranhados em nossos sertões...". *Revista do Instituto Geográfico e Histórico Brasileiro*, 1840, pp. 2-18.

BARTH, Fredrik. *Ethnic groups and boundaries: the social organization of culture difference*. Bergen/Oslo: Universitets Forlaget, 1969.

BESSA, José Ribamar. "Combien vout un indien en Amazonie", in *Sauve qui peut* [...] *l'Amazonie*. Paris: Éditions du Comité Internacional pour la Defense de l'Amazonie, 1983.

BOEHRER, George. "Some Brazilian proposals to the cortes gerais 1821-1823, on the indian problem", *Actas do 3º congresso Internacional de Estudos Luso-Brasileiros*, Lisboa, 1960, vol. 2, pp. 201-9.

BONIFÁCIO, José. "Apontamentos para a civilisação dos índios bravos do Império do Brazil" [1823], in *José Bonifácio, publicação commemorativa do primeiro centenário da Independência*. Estado do Rio Grande do Sul, 1922, pp. 15-44.

BORAH, Woodrow. "America as a model: the demographic impact of European expansion upon the non-European world", *Actas y memorias, xxxv Congreso Internacional de Americanistas*. México, 1964, vol. 3, pp. 379-97.

BRAUDEL, Fernand. *Civilisation matérielle, economic et capitalisme — xve-xviiie siècles*. 3 v. Paris: Armand Colin, 1979 [ed. bras.: *Civilização material, economia e capitalismo — séculos XV-XVIII*, 3 v., São Paulo: Martins Fontes, 1995]

BRÉSIL. "Cathéchisation", *L'Empire du Brésil à l'Exposition Universelle de 1876 à Philadelphie*. Rio de Janeiro: Typographia e Lithographia do Imperial Instituto Artístico, 1876, pp. 410-8.

BROC, Numa. "Reflets américains dans la poésie de la Renaissance", in *La Renaissance et le Nouveau Monde*. Quebec: Musée du Québec, 1984.

BUCHER, Bernadette. *La sauvage aux seins pendants*. Paris: Hermann, 1977.
CAMINHA, Pero Vaz de. *Carta a El Rey Dom Manuel* [1500]. Rio de Janeiro: Sabiá, 1968.
CARDIM, Fernão. *Tratados da terra e gente do Brasil* [1625, escrito em 1584]. São Paulo: Itatiaia/Edusp, 1980.
CARDOSO DE OLIVEIRA, Roberto. "Identidad étnica, identificatión y manipulación". *América Indígena*, v. XXXI, n. 4, México, 1971.
_____. *Identidade, etnia e estrutura social*. São Paulo: Pioneira, 1976.
CARNEIRO DA CUNHA, Manuela. *Antropologia do Brasil*. São Paulo: Brasiliense/Edusp, 1986.
_____. *Cultura com aspas*. Cosac Naify, 2009.
_____. *Os direitos dos índios*. São Paulo: Brasiliense, 1987.
_____. *Legislação indigenista no século* XIX. São Paulo: Edusp/Comissão Pró--Índio, 1992.
_____. *Negros, estrangeiros*. São Paulo: Brasiliense, 1985.
_____. "Logique du mythe et de l'action: le mouvement messianique Canela de 1963". *L'Homme*, 13 (4), 1973, pp. 5-37.
_____. (org.) *História dos índios no Brasil*. São Paulo, Companhia das Letras/ FAPESP/SMC, 1992.
CASTRO, Jeanne B., e OLIVEIRA, Zuleika. "Repertório da legislação indigenista no Brasil, numa análise quantitativa", in *Anais do* VII *Simpósio Nacional dos Professores de História, a cidade e a história*. São Paulo: 1975, vol. 3, 1427-56.
CEDI. *Terras indígenas no Brasil. Situação das pendências jurídico-administrativas das terras indígenas para o cumprimento do art. 67 das disposições transitórias da Constituição federal*. 10 setembro de 1993, ms.
CLASTRES, Hélène. "Les Beaux-frères ennemis. A propos du cannibalisme Tupinamba", in *Destins du Cannibalisme. Nouvelle Revue de Psychanalyse*, n. 6, 1972.
COHEN, Abner. *Custom and politics in urban Africa*. Londres: Routledge and Kegan Paul, 1969.
COUTINHO, Aureliano de Souza. *Relatório do presidente da província do Rio de Janeiro para o anno financeiro de 1846 e 1847* [1847].
D'ABEVILLE, Claude. *História das missões dos padres capuchinhos na ilha do Maranhão e terras circunvizinhas* [1614]. Trad. de Sergio Milliet. Belo Horizonte: Itatiaia/Edusp, 1975.
DA MATTA, Roberto. "Mito e antimito entre os Timbira", in Laraia, R. (org.), *Mito e linguagem social*. Rio de Janeiro: Tempo Brasileiro, 1970, pp. 77-106.
DAL POZ, João. *No país dos Cinta-Larga*. Dissertação de mestrado, USP, 1991.
DANTAS, Beatriz G., e DALLARI, D. de Abreu. *Terra dos índios Xocó*. São Paulo: Comissão Pró-Índio de São Paulo, 1980.
DEBRET, Jean Baptiste. *Viagem pitoresca e histórica ao Brasil* [1834-9]. Trad. de Sergio Milliet. São Paulo: Martins/Edusp, 1940.
DENEVAN, William. "The aboriginal population of Amazonia", in W. Denevan (ed.). *The native population of the Americas in 1492*. Madison: The University of Wisconsin Press, 1976.

DENIS, Ferdinand. *Une fête brésilienne célébrée en 1550, suvie d'un fragment du seizème siècle roulant sur la théogonie des anciens peuples du Brésil et des poésies en langue typique de Christovam Valente.* Paris: Techner, 1851.

D'OLWER, Luis Nicolau (org.). *Cronistas de las culturas precolombinas.* México: Fondo de Cultura Econômica, 1963.

DUCHET, Michèle. *Anthropologie et histoire au siècle des lumières* [1971]. Paris: Flammarion, 1977.

EWBANK, Thomas. *Life in Brazil.* Filadélfia: 1850.

FARAGE, Nádia. *As muralhas dos sertões: os povos indígenas no rio Branco e a colonização.* São Paulo: Anpocs/Paz e Terra, 1991.

GAGLIARDI, José Mauro. *O indígena e a República.* São Paulo, Hucitec; EDUSP; Secretaria da Cultura de São Paulo, 1989.

GÂNDAVO, Pero de Magalhães de. *Tratado da terra do Brasil e história da Província de Santa Cruz* [c. 1570 e 1576]. São Paulo: Itatiaia/ Edusp, 1980.

GERBI, Antonello. *La naturaleza de las Indias Nuevas: de Cristóbal Colón a Gonzalo Fernandez de Oviedo* [1975]. México: Fondo de Cultura Econômica, 1978. [ed. bras.: *O novo mundo: história de uma polêmica: 1750--1900,* São Paulo: Companhia das Letras, 1996].

_____. *The dispute of the New World: a history of a polemic, 1750-1900.* Pittsburgh: University of Pittsburgh Press, 1973.

GREENBERG, Joseph H. *Languages in America.* Stanford: Stanford University Press, 1987.

HARTT, C. F. *The Thayer expedition: scientific results of a journey in Brazil by Louis Agassiz and his traveling companions.* Boston, Fields Osgood, 1870.

HEMMING, John. *Amazon frontier: the defeat of the Brazilian Indians.* London: MacMillan, 1987.

HOLANDA, Sérgio Buarque de. *Visão do paraíso: os motivos edênicos no descobrimento e colonização do Brasil* [1958]. 3ª ed. São Paulo: Companhia Editora Nacional, 1977.

IRELAND, Emilienne. "Cerebral savage: the whiteman as symbol of cleverness and savagery in Waurá myth", in Hill, Jonathan (org.), *Rethinking history and myth.* Urbana e Chicago: University of Illinois Press, 1988.

JENNINGS, Francis. *The invasion of America: indians, colonialism and the cant of conquest.* Chapel Hill: University of North Carolina Press, 1975.

KIEFENHEIM, Barbara e DESHAYES, Patrick. *La conception de l'autre chez le Kashinawa.* Tese de doutorado, Universidade de Paris VII, 1982.

KOSTER, Henry. *Travels in Brazil.* Londres: 1816.

LAZARIN, Marco Antonio. *A descida do rio Purus: uma experiência de contato intertécnico.* Tese de mestrado, UnB, 1981.

LAZARIN, Rita Heloisa de Almeida. *O aldeamento do Carretão: duas histórias.* Dissertação de mestrado, UnB, 1985.

LEACH, Edmund. *Political systems of Highland Burma: A study of Kachin social structure.* Londres: Athlone Press, 1954.

LEITE, Serafim. *Cartas dos primeiros jesuítas do Brasil.* 3 v. São Paulo: Comissão do Quarto Centenário, 1954.

LEMOS, Miguel e MENDES, R. Teixeira. *Bazes de uma constituição política ditatorial federativa para a república brazileira*. Rio de Janeiro: Apostolado Pozitivista do Brazil, 1890.

LÉRY, Jean de. *Viagem à terra do Brasil* [1578, escrito c. 1563]. São Paulo: Martins/Edusp, 1972.

LESTRINGANT, Frank. "Le Cannibale et ses paradoxes. Images du cannibalisme au temps des Guerres de Religion". *Mentalities/Mentalités*, v. 1, n. 2, 1983.

MARCHANT, Alexander. *Do escambo à escravidão: as relações econômicas de portugueses e índios na colonização do Brasil, 1500-1580*. São Paulo: Companhia Editora Nacional, 1980.

MELTZER, David. "Why don't we know when the first people came to North America". *American Antiquity*, 54 (3), 1988, pp. 471-90.

MENDES jr., João. *Os indígenas do Brazil, seus direitos individuaes e políticos*. São Paulo: Hennies Irmãos, 1912 [edição fac-similar: São Paulo: Comissão Pró-Índio de São Paulo].

MEDES ROCHA, Leandro. *A política indigenista em Goiás 1850-1889*. Dissertação de mestrado, UnB, 1988.

MENÉNDEZ, Miguel A. "O branco na mitologia Kawahiwa: história e identidade de um povo Tupi". *Revista de Antropologia* 302, 1989, pp. 331-53.

MÉTRAUX, Alfred. *Religions et magies indiennes d'Amérique du Sud* [1928]. Paris: Gallimard, 1967.

MOERMAN, M. "Who are the Lue: ethnic identification in a complex civilization". *American Anthropologist*, v. 67, 1965.

MONTAIGNE, Michel de. "Des cannibales" [1580]. *Les Essais*, v. 1. Paris: Garnier, 1952.

MORAN, Emilio F. "The adaptive system of the Amazonian caboclo", in Wagley, Charles (ed.). *Man in the Amazon*. New York: Columbia University Press, 1974.

MOREIRA NETO, Carlos de Araujo. *Índios da Amazônia: de maioria a minoria (1750-1850)*. Petrópolis: Vozes, 1988.

_____. *A política indigenista brasileira durante o século XIX*. Tese de doutorado, FFCH, Rio Claro, 1971.

NAUD, Leda Maria Cardoso. "Documentos sobre os índios brasileiros", *Revista de Informação Legislativa* 8, 1971, jan-mar.

NAVARRO, Azpicuelta et. al. *Cartas avulsas. Cartas Jesuíticas 2*. São Paulo: Itatiaia/Edusp, 1988.

NEMBRO, Metodio da. *Storia dell'attivitá missionaria dei minori cappuccini nel Brasile (1538?-1889)*. Roma, Institutum Historicum ofm, 1958.

NICHOLS, Johanna. "Linguistic diversity and the first settlement of the New World. *Language* 66 (3), 1990, pp. 475-521.

_____. *Linguistic diversity in space and time*. Chicago: University of Chicago Press, 1992.

NIMUENDAJU, Curt. *The eastern Timbira*. Berkeley: University of California Press, 1946.

_____. *As lendas da criação e destruição do mundo como fundamentos da religião dos Apapocúva-Guarani* [1914]. Trad. de C. Eimmerich e E. Viveiros de Castro. São Paulo: Hucitec/Edusp, 1987.

NÓBREGA, Manoel da. *Cartas do Brasil. Cartas Jesuíticas 1* [1549-1560]. São Paulo: Itatiaia/Edusp, 1988.

PERDIGÃO MALHEIRO, Agostinho. *A escravidão no Brasil* [1867], 2 vols. Rio de Janeiro: Vozes, 1976.

PIGAFETTA, Antonio. *A primeira viagem ao redor do mundo: o diário da expedição de Fernão de Magalhães* [1524?]. Porto Alegre: L&PM, 1985.

RABELAIS, François. "Briefve Déclaration d'aucunes dictions plus obscures contenues on quatriesme livre des faicts et dits héroiques de Pantagruel en l'espitre liminaires" [1552], in *Oeuvres Complètes*. Bibliothèque de la Pléiade. Paris: Gallimard, 1955.

RIBEIRO, Darcy. *Os índios e a civilização*. Rio de Janeiro: Civilização Brasileira, 1970.

ROE, Peter G. "The Josho Nahuanbo are all wet and undercooked: Shipibo views of the whiteman and the incas in myth, legend and history", *Rethinking History and myth: indigenous South American perspectives on the past*. Urbana e Chicago: University of Illinois Press, 1988, pp. 106-35.

ROSENBLAT, Angel. *La población indígena y el mestizaje en América*, 2 vols. Buenos Aires: Editorial Nova, 1954.

SAHLINS, Marshall. "Recognizing historichal ethnography", in Borofsky, R. (org.), *Assessing cultural anthropology*. McGraw-Hill, 1992.

SAINT-HILAIRE, Auguste de. *Aperçu d'un voyage dans l'interieur du Brésil, la province cisplatine et les missions dites du Paraguay*. Paris: A. Belin, 1823.

SALZANO, Francisco M. "The peopling of the Americas as viewed from South America", in: Kirk R. e Szathmary, E. (orgs.), *Out of Asia: peopling the Americas and the Pacific*. Canberra: Journal of Pacific History Special Publication, 1985, pp. 19-29.

——. e CALLEGARI-JACQUES, Sidia M. *South American indians: a case study in evolution*. Oxford: Clarendon Press, 1988.

SÁNCHEZ-ALBORNOZ, Nicolás. *La población de América Latina desde los tiempos precolombinos al año 2000*. Madi: Alianza Editorial, 1973.

SARTRE, Jean-Paul. "Reflexões sobre a questão judaica" [1946], in *Reflexões sobre o racismo*. São Paulo: Difusão Europeia do Livro, 1960.

SCHWARTZ, Seymour I. & EHRENBERG, Ralph E. *The mapping of America*. Nova York: Harry N. Abram, 1980.

SOARES DE SOUZA, Gabriel. *Tratado descritivo do Brasil* [1587]. São Paulo: Companhia Editora Nacional/Edusp, 1971.

SPIX, Johann Baptiste von, e MARTIUS, Carl. *Reise in Bresilien in den Jahren 1817 bis 1820*, 3 vols. Munique: 1823-31.

STADEN, Hans. *Duas viagens ao Brasil* [1557]. São Paulo/Belo Horizonte: Itatiaia/Edusp, 1974.

STEWARD, Julian H. "South American cultures: the population of South American, in STEWARD, Julian (org.), *Handbook of South American indians*. Washington D.C.: Smithsonian Institution, Bureau of American Ethnology, 1949, vol. 5, pp. 655-58.

THEVET, André. *As singularidades da França antártica* [1558]. São Paulo: Itatiaia/ Edusp, 1978.

TODOROV, Tzevtan. *A conquista da América: a questão do outro*. São Paulo: Martins Fontes, 1983.

TOLLENARE, Louis François. *Notas dominicais tomadas em durante uma viagem em Portugal e no Brasil em 1816, 1817 e 1818* [1818]. Recife: Progresso, 1856.

TURNER, Terence S. "History, myth and social consciousness among the Kayapo of Central Brazil", in HILL, Jonathan (org.), *Rethinking History and myth: indigenous South American perspectives on the past*. Urbana e Chicago: University of Illinois Press, 1988, pp. 195-213.

VARNHAGEN, Francisco Adolfo de. *História geral do Brasil* [1854], 3 vols. São Paulo: Melhoramentos: 1978.

_____. *Os índios bravos e o sr. Lisboa, Timon 3º*. Lima: Imprensa Liberal, 1867.

VIDAL, Lux. Morte e vida de uma sociedade indígena brasileira: os Kayapó-Xikrin do rio Cateté. São Paulo, Hucitec/Edusp, 1977.

SOBRE A AUTORA

MARIA MANUELA LIGETI CARNEIRO DA CUNHA nasceu em Cascais, Portugal, em 16 de julho de 1943, e mudou-se com sua família para São Paulo aos onze anos. Formou-se em matemática pura na Faculte des Sciences, Paris, em 1967, e em seguida participou durante três anos dos seminários de Claude Lévi-Strauss. De volta ao Brasil em 1970, ingressou na pós-graduação em antropologia social da Unicamp, defendendo sua tese de doutorado "Os mortos e os outros — ritos funerários e a noção de pessoa entre os Krahô", em 1975, publicada em 1978. Lecionou na Unicamp de 1972 a 1984. Em 1975, na Nigéria, iniciou uma pesquisa sobre os descendentes de escravos libertos que foram do Brasil para a África Ocidental. Desse estudo, ampliado em arquivos missionários na Itália e pesquisa bibliográfica sobre a condição dos libertos no Brasil realizada na Universidade de Cambridge, resultou *Negros, estrangeiros*, sua livre-docência no departamento de antropologia social da Universidade de São Paulo, publicada em 1985 e reeditada em 2012 pela Companhia das Letras. O livro aborda o conceito de etnicidade, que estaria presente em toda a atividade política da autora.

A partir de 1978 engajou-se na defesa dos direitos dos índios no Brasil. Foi cofundadora e primeira presidente da Comissão Pró-Índio de São Paulo, de 1979 a 1981. Como presidente da Associação Brasileira de Antropologia (ABA) de 1986 a 1988, levou essa instituição a desempenhar um papel fundamental no desenho e na aprovação do capítulo sobre os direitos dos índios na Constituição de 1988. Docente do departamento de antropologia social da USP desde 1984, fundou em 1990 nessa universidade e com outros pesquisadores o Núcleo de História Indígena e do Indigenismo (NHII), responsável, entre outras coisas, pela publicação de *História dos índios no Brasil*, uma referência na área. A partir da década de 1990, dedicou-se aos conhecimentos e questões de direitos intelectuais de povos tradicionais. A *Enciclopédia da floresta* (2002), organizada com Mauro Almeida, foi um dos resultados de extensa pesquisa que codirigiu sobre populações tradicionais e conservação ambiental no Alto Juruá.

Professora titular de antropologia da USP em 1992, dois anos depois, Manuela Carneiro da Cunha se tornou *"full professor"* no departamento de antropologia da Universidade de Chicago, onde lecionou até 2009. Foi também, ao longo de sua vida acadêmica, professora visitante em várias universidades e *fellow* do Center for Advanced Studies in Behavioral Sciences. Foi membro do Conselho Deliberativo do CNPQ e membro do IAG, o órgão independente de especialistas que monitorou o Programa de Florestas Tropicais financiado pelo PPG-7. Recebeu, entre outros, o Prêmio Érico Vanucci Mendes em 1992, a Médaille de Vermeil, da Academia Francesa em 1993, a Ordem do Mérito Científico em 2002 e, em 2007, em conjunto com Mauro W. B. de Almeida, o Prêmio Chico Mendes do Acre e, em 2012, a Légion d'honneur da França. É membro da Academia Brasileira de Ciências desde 2002, Grã-Cruz da Ordem do Mérito Científico desde 2011 e membro da Academia de Ciências do Terceiro Mundo desde 2010.

ÍNDICE REMISSIVO

Abreu, Capistrano de, 25n, 93-4
Acordo Constitutivo do Fundo para o Desenvolvimento dos Povos Indígenas na América Latina, 130
Acosta, José d', 9
Acre, 125-6
Adão e Eva, 40
África, 14, 51n, 123
Água Azeda, 76
Aimberê, 46
Aimoré, 28, 48-9
aldeados, 50, 65, 74, 77, 83-4, 86, 89-90, 111
aldeamentos, 15-6, 20, 56, 61, 64, 68, 71-2, 75-6, 80-1, 85-6, 96-7n, 105, 124; Aldeamento Imperial Affonsino, 76
Alemanha, 62
Alexandre VI, papa, 20
Almeida, Cândido Mendes de, 80
Amapá, 126
Amazon frontier (Hemming), 94
Amazonas, 69, 70, 82, 88, 90-1, 125-6
Amazonas, rio, 12, 28, 37, 62, 68
Amazônia, 12-3, 16-7, 21, 56-7, 75, 94, 122, 125-6, 131, 133, 135
América, 9-10, 14-5, 17-8, 29, 36, 44, 47, 49, 51n, 59, 105, 111, 123; América do Norte, 10; América Latina, 130
Amoroso, M. R., 12, 19
Anchieta, José de, padre, 15, 42-3, 46-7, 53n
Andrade, Maristela de, 94

Anhangupiara, 46-7
animais, 13, 31, 59, 60
Annaes do Parlamento Brazileiro, 66, 73
Antilhas, 30, 37, 51n
antropofagia/antropófagos, 31-2, 37-9, 46, 48-9, 52n, 122; *ver também* canibalismo/canibais
antropologia, 58, 101-4, 108, 120
Apiacá, 70
"Apontamentos para a civilisação dos Índios bravos do Império do Brazil" (Bonifácio), 66-7
Araguaia, 23, 62, 64, 68, 70, 76
Aramaris, 92
Arawak, 12, 23
Área Indígena Vale do Guaporé, 136
áreas indígenas, 96, 101, 126-7, 131-2, 135-6; *ver também* terras indígenas
Arsenal de Marinha, 89
Ásia, 9, 10, 17
Assembleias Legislativas Provinciais, 64, 65
assírios, 9
Atalaia, 77, 93
Austrália, 10, 139n
Aymoré, 59

Baena, Antonio Ladislau Monteiro, 70
Bahia, 15, 28, 39-40, 42-3, 45-6, 62, 77-8, 86, 90, 92, 96-7n, 117n, 123
Bahira, 24
Balbina, barragem de, 21
Banco Mundial, 136

Barbosa, Januário da Cunha, 67, 70
Barth, Fredrik, 107-9
Beozzo, J. Oscar, 21
Beríngia, 9, 11
Berkeley, escola de, 17
Bevilacqua, Clóvis, 128
biodiversidade, 133, 136-7
biologia, 104
Blázquez, Antonio, 39, 44-5
Blumenbach, Johann Friedrich, 58, 63
Boehrer, George, 65
"bom selvagem", 137
Bonifácio, José, 58, 63-7, 69, 72, 74, 87, 111
Borah, Woodrow, 14, 16-7
borracha, 57, 125
Botocudo, 58-9, 62-3, 74, 78, 82, 89-90
Braudel, Fernand, 17, 124
Brito, Antonio Manoel Sanches de, padre, 68-9
Bucher, Bernadette, 52n
Buffon, conde de, 59
Bula Veritas Ipsa (Papa Paulo III), 129

Cabo de Santo Agostinho, 38
Callegari-Jacques, Sidia M., 9
Cam, filho de Noé, 9, 40
Câmaras Municipais, 77, 81
Camé, 77
Caminha, Pero Vaz de, 29-32, 35, 49, 50n, 52n
Camões, Luís Vaz de, 28
Canadá, 126, 139n
Canela, 24
canibalismo/canibais, 36-9, 41, 47, 49, 51-2n

Canoeiros, 64-5
Cardim, Fernão, 48
Carijó, 28, 34, 42
Carlos IX, rei da França, 39
Carneiro Leão, Honório Hermeto, 79
Carta a El-Rei D. Manuel (Caminha), 29
Carta das Nações Unidas, 130
Carta Régia, 67, 71, 83-4, 89, 105, 127
Cartas de Sesmarias, 79
Carvalho, Maria Rosário G. de, 23
Castelnau, Charlotte de, 26
Castro, Eduardo Viveiros de, 26
Castro, Jeanne B. de, 95
catapora, 14
Catarina de Medici, rainha da França, 36
Cavagnari, coronel, 131
Cayeré, 77
Ceará, 65, 68, 80, 83, 90, 93, 96n, 105
Chaunu, Pierre, 16
Cimbres, 93, 96n
Cinta-Larga, 25
clero, 20
Código Civil, 128
Cohen, Abner, 108
Coleção de grandes viagens (org. De Bry), 33-4
Colômbia, 139n
Colombo, Cristóvão, 29-30, 37, 50n
Comodoro, 136
Companhia de Jesus, 42, 44; *ver também* jesuítas
"Complainte contre fortune" (Ronsard), 36
conglomerados multilinguísticos, 13
Congresso Nacional, 128, 133
Conselho de Estado, 79, 86

Conselho Indigenista Missionário – Norte (Cimi), 115
Conselhos Gerais, 65
conservação ambiental, 136
Constituição brasileira de 1824, 65, 67
Constituição brasileira de 1891, 81, 115
Constituição brasileira de 1967, 112
Constituição brasileira de 1988, 22, 127-8, 132
Constituinte de 1823, 64, 66
Convenção de Genebra, 102
Cook, W. A., 17
Coordenação Nacional dos Geólogos, 135
coqueluche, 14
Coroados, 72, 78, 89-90
Correia, Pero, 42
correntes marinhas, 9
Cortés, Hernán, 48
cosmologia, 33, 40, 41
Coutinho, Aureliano de Souza, 68
Coutinho, Azeredo, 89
crianças indígenas, 68, 82, 89
cristianismo/cristãos, 33, 35, 51, 53, 63, 67, 70, 129; *ver também* Igreja
Cruzadas, 73
Cuneo, Michele de, 48
Custom and Politics in Urban Africa (Cohen), 108

D'Abbeville, Claude, 19, 24
D'Olwer, Luis Nicolau, 32, 38, 50*n*
Da Matta, Roberto, 25*n*
Dal Poz, João, 25
Dallari, Dalmo, 100
Dantas, Beatriz Gois, 23, 94, 96*n*, 105

De Bry, Theodor, 33-4, 46, 52*n*
De Pauw, Cornelius, 59-60
Debret, Jean-Baptiste, 90
Declaração de San José (ONU), 130
Declaração dos Direitos dos Povos Indígenas, 128-9
definição de índio (Estatuto do Índio), 109
demografia, 17, 139*n*
Denevan, William, 16-7, 124
Deshayes, Patrick, 25*n*
Diálogo da conversão do gentio (Nóbrega), 43
Diário da primeira viagem (Colombo), 29
difteria, 14
dilúvio, 40, 52*n*
direitos indígenas, 94, 100, 111, 122, 127-8, 132, 135
Diretoria Geral de Índios de Sergipe, 80
Diretório Pombalino, 65, 67-8, 73, 75, 83, 107
diversidade cultural, 13, 130
Dobyns, Henry E., 14, 16-7
Doce, rio, 62-4, 67-8, 74
Duchet, Michèle, 51*n*

Economia e sociedade (Weber), 108
Ehrenberg, Ralph E., 37
epidemias, 14-5, 123
Ercilla, Alonso de, 29
Erikson, Philippe, 12, 23
escambo, 18, 28, 32-3, 36, 49
escravidão/escravos índios, 15, 19, 21, 50, 53, 65, 73, 82-5, 95, 96*n*, 105, 112, 123, 125
escravos negros, 20, 84, 105

Espanha, 111, 124
espanhóis, 19, 23, 29, 34, 111
Espírito Santo, 63, 67, 74, 76, 90
Estatuto do Índio, 101-2, 104, 109, 128
Ethnic Groups and Boundaries (Barth), 108
etnias, 12, 23, 34, 48, 50, 108, 124, 130-1, 137; *ver também* grupos étnicos; identidade étnica
etnografia, 11-2
Europa, 17, 30
evolucionismo, 11, 59-60
Ewbank, Thomas, 83, 89
Exercícios de Marte (Machado), 8

Farage, Nádia, 19, 21-2
Fausto, Carlos, 15, 18, 22
Floresta Amazônica, 136
Flórida, 29
foices, 18
fomes, 15
Forças Armadas, 131-2
França, 36, 41, 49, 62
França Antártica, 51*n*
franceses, 18-9, 22-3, 26, 29, 49, 50*n*
Franchetto, Bruna, 13, 15, 25
Francisco de Vitória, frei, 111
Fundação Nacional do Índio (Funai), 21, 100-3, 115
Fundo Global de Meio Ambiente, 136
Furtado, Mendonça, 83

Gagliardi, José Mauro, 95
Gamela, 92
Gândavo, Pero de Magalhães, 29, 35

Garapuava, 63, 73
genocídio, 17, 106
Geografia (Ptolomeu), 37
Gerbi, Antonello, 30, 48, 59
germoplasma, 133-4
Geru, 77
glaciação, 9
Goiás, 23, 64-5, 70, 76, 94, 105
Gould, Stephen Jay, 137
Grajaú, 78
Grão-Pará, 84
Greenberg, Joseph H., 10
gripe, 14
grupos étnicos, 102-10
Guaikuru, 91
Guarani, 16, 28, 62-3, 70
Guarapuava, 92
Guerra do Paraguai, 91
guerras, 15, 39, 41, 49, 89, 91
Guiana inglesa, 125
Guidon, Niéde, 9-10

Hã-hã-hãe *ver* Pataxó Hã-hã-hãe
Hartt, C. F., 62-3
Hemming, John, 83, 90, 94
Henrique II, rei da França, 36
Heródoto, 49, 120
Hill, J., 25*n*
História da Província de Santa Cruz (Gândavo), 29
Holanda, Sérgio Buarque de, 50*n*, 52*n*
holandeses, 19, 23, 29
homossexualismo, 48
huguenotes, 33

identidade étnica, 13, 80, 108-9, 122, 124
Igreja, 20, 40, 70
Inca, 25n
Independência do Brasil, 90-1
Índias, 29, 53n
Inglaterra, 41
ingleses, 29
Inquisição, 28, 48
Instituto de Recursos Mundiais (Washington), 134
Ireland, Emilienne, 24
Itapicuru, 77, 86

Janduí, 23
Japão, 137
Jari Florestal Agropecuária Ltda., 126
Jauaperi, rio, 62, 70
Jê, 13, 23
Jequitinhonha, rio, 78, 89
jesuítas, 9, 20-1, 26, 28, 41, 43, 45-8, 51n, 53n, 57, 67-8, 75, 83, 107, 114, 123, 125
João Daniel, jesuíta, 125
João IV, d., 21
João VI, d., 21, 63, 71, 73, 89, 92
Juruna, Mario, 101

Kadiwéu, 91
Kaingang, 82
Karajá, 23, 84
Karasch, Mary, 23
Kawahiwa, 24, 25n
Kayapó, 13, 23, 25n, 78, 137
Kiefenheim, Barbara, 25n
Kopenawa, Davi, 136

Koster, Henry, 88, 93
Krahô, 23-4, 76
Kroeber, Alfred, 16

Las Casas, Bartolomé de, 48
Lassagnet, Suzanne, 26
Lazarin, Marco, 94
Lazarin, Rita, 94
Leach, Edmund, 108
legislação indigenista, 65-6, 92, 100
Lei das Terras, 72, 79-80, 105
Leite, Dantas de Barros, 60
Leite, Serafim, 37, 42, 44-6, 53
Léry, Jean de, 33-4, 41, 46-8, 50-2n
Lestringant, Frank, 26, 41
Lévi-Strauss, Claude, 137
língua geral *ver* Nheengatu
Lisboa, Jozé da Silva, 74
Loyola, Inácio de, Santo, 39, 42-3, 53n
Lusíadas, Os (Camões), 28-9
Luzeia, 91

macacos, 18, 32, 36
Macaxera, 46-7
Machado, Ignácio Barboza, 8
machados, 12, 18, 24
Macuxi, 125-6
Madeira, rio, 19, 62, 96n
Maeder, Ernesto J. A., 16
Magalhães, Couto de, 68
Magalhães, Fernão de, 32
Maia, José Antônio da Silva, 86
malária, 14, 123
Mamaindé, Pedro, 136
Manasa Madeireira Nacional, 126

Mandeville, John, 29
Manuel, dom, 29, 31
Maranhão, 18, 20, 24, 67, 69-70, 73, 76, 78, 84, 88, 92, 94
Marco Polo, 29
Maria I, d., 84
Martius, Carl Friedrich Philipp von, 58-9, 89-90
Mato Grosso, 69, 74, 76, 91, 136
Mawé, 91
Mearim, 69, 78
Mecejana, 80
Medici, Lourenço de, 29, 32, 38, 50n
Meltzer, David, 10
Mendes Jr., João, 72, 95, 111, 114
Menéndez, Miguel A., 24, 25n
Menezes, Octavio de Langgaard, 111
Meu destino é ser onça (Mussa), 51n
México, 29, 133
Minas Gerais, 59, 76, 85, 89-90
mineração, 136
Miranda, Rodolfo, 113
Mirandela, 77
miscigenação, 104-5
missionários, 15, 18, 23, 26, 33, 42-4, 47, 57, 68-70, 83, 94, 96n, 105
mitologia, 24, 25n, 33, 40, 51n
Moerman, M., 108
Montaigne, Michel de, 39-41, 50-2n
Montoya, padre, 46
Moreira Neto, Carlos, 69, 90-1, 94
mortandade indígena, 14-5, 18, 92, 123
Morubixaba, 19
Mucuri, rio, 62, 68
Munduruku, 23, 84, 90

Munster, Sebastian, 36
Mura, 12, 84, 90-1
Mussa, Alberto, 26, 51n

Nabuco, Joaquim, 125
Naknenuks, 62
Nambikwara, 136
Nassau, Maurício de, 23
Naud, Leda Maria Cardoso, 59, 66, 71, 75, 77, 86, 95
Navarro, Azpicuelta, 46
Negro, rio, 12, 13, 96n
Nembro, Metodio da, 94
Neue Zeitung, 35, 41, 52n
New York Times, 132
Nheengatu, 68, 75, 107
Nichols, Johanna, 10
Nimuendaju, Curt, 25n, 70
Nóbrega, Manoel da, 37, 40, 42-6, 53n
Noé, 9, 40
Nordeste brasileiro, 78, 107, 124
normandos, 32, 36
Nova Zelândia, 139n
Novo Mundo, 10, 12, 14, 20, 28-9, 30, 40, 59

Oceania, 105
Ofir, 9
Oliveira, Roberto Cardoso de, 108
Oliveira, Zuleika R. de, 95
órfãos, 84-8, 97n
Organização das Nações Unidas, 129-31, 134
Organização Internacional do Trabalho (OIT), 128-30, 139n

Oriente, 28, 44
Ouetaca, 28
ouricuri, ritual do, 107
Oviedo, Gonzalo Fernández de, 48

padroado, 20
Paí, 19
Pano, 12, 23, 25*n*
papagaios, 18, 32, 36
Pará, 20-1, 68, 70, 74, 76, 90-1, 126
Paraguai, 34, 91
Paraíba, 80, 90
Paraíso terreno, 29
Parakanã, 21
Paraná, 63, 69-70, 73, 76
Paraná, rio, 91
Paranapanema, rio, 91
Pardo, rio, 78
Pareci, Sebastião, 136
Parnaíba, rio, 28
Passarinho, Jarbas, 131
Pataxó Hã-hã-hãe, 100, 117*n*
pau-brasil, 18, 28, 32, 36
Paulo III, papa, 40, 129
Pedro Affonso, aldeia de, 76
Pedro I, d., 64, 67, 75
Pedro II, d., 91
Pedro Mártir, 30
Península Ibérica, 17, 124
Perdigão Malheiro, Agostinho, 88, 95
Perimetral Norte, rodovia, 123
Pernambuco, 19, 28, 80, 86, 88, 90, 93, 96*n*, 105
Peró, 19
Peru, 9, 29, 52*n*

peste bubônica, 14
Petrone, Pasquale, 94
Piauí, 10
Pigafetta, Antonio, 32-3, 37, 49, 52
Pindaré, 69
Pinto, Roquette, 111
Plano Geral de Civilização dos Índios, 66
política indígena, 22-3, 48, 90
política indigenista, 22-3, 48, 56-7, 60, 65, 90, 94, 102
Pombal, marquês de, 20-1, 57, 74, 83, 105, 113-4
população indígena, 17, 25*n*, 122-5, 133-5
Porro, António, 12-3, 18
Porto Seguro, 48
Portugal, 20-1, 28, 111, 114, 124
Prata, rio da, 37
Preste João, 29
primitivismo, 11
Projeto Carajás, 21
Projeto de Constituição Positivista (1890), 60-1
protestantes, 33, 49
Ptolomeu, Cláudio, 37
Puri, 90
Purus, rio, 62, 94

Quarto livro de Pantagruel (Rabelais), 37
quilombos, 65, 90

Rabelais, François, 37
Raposa Serra do Sol, 126
Reflexões sobre a questão judaica (Sartre), 108, 129

"Regulamento acerca das Missões de catechese e civilização dos Índios" (Decreto de 1845), 65
Regulamento das Missões (1845), 68-9, 75-6, 79-80, 85-6, 88-9
"relativamente capazes", 128
Renascimento, 37
"Representação sobre a escravatura" (Bonifácio), 66
Revista do Clube Militar, 131
Ribeiro, Darcy, 108
Rio Branco, barão de, 125
Rio de Janeiro, 89-90, 96, 105
Rio Grande do Norte, 75, 86, 89
Rio Grande do Sul, 76
Rocha, Leandro Mendes, 94
Rondon, Marechal, 111-3, 115
Rondônia, 25
Ronsard, Pierre de, 36, 51*n*
Roosevelt, Ana C., 13
Roraima, 22, 125-6, 136
Rosenblat, Angel, 16-7
Rousseau, Jean-Jacques, 50n

Sahlins, Marshall, 24, 25*n*
Saint-Hilaire, Auguste de, 89
Salomão, rei, 9
Salzano, Francisco M., 9
Sampaio, José Augusto L., 23
Sánchez-Albornoz, Nicolás, 17
Santa Apolônia, Francisco Pereira de, 59
Santa Catarina, 76, 88
Santa Maria, presídio de, 23
Santilli, Paulo, 21
Santo Antônio da Saúde, 77

Santos, Tristão Pio dos, 69
São Leopoldo, visconde de, 59, 75, 77
São Lourenço, aldeamento de, 96*n*
São Mateus, rio, 62
São Paulo, 20, 43, 76-8, 84-5, 91, 96*n*, 105
São Vicente, 28, 31, 42, 53*n*
Sapper, Karl, 16
sarampo, 14-5
Sartre, Jean-Paul, 108, 114, 129
saúde, 102
Schmidel, Ulrich, 34
Schwartz, Seymour I., 37
Segunda Guerra Mundial, 106
Sergipe, 76, 80, 94, 96*n*, 105
Serviço de Proteção aos Índios (SPI), 21, 100, 113
Serviço Nacional de Informação (SNI), 115
sexualidade, 47
Shakespeare, William, 39, 41, 52*n*
Shipibo, 25*n*
signos étnicos, 122
Silva, Aracy Lopes da, 12
sítios arqueológicos, 10
sociodiversidade, 137-8
Soure, 77
Souza Lima, Antônio Carlos de, 21, 95
Souza, Gabriel Soares de, 28, 34-6, 48-9
Souza, João de, 42
Spix, Johann Baptiste von, 89-90
Staden, Hans, 33-4, 38, 41, 46, 52
Steward, Julian H., 16
Sudeste brasileiro, 56
Sumé, 40, 41, 52*n*

Tamoio, 22-3
Tapuia, 23, 28, 62
Taylor, Anne-Christine, 12-3, 18, 23
Tempestade (Shakespeare), 39, 52*n*
terras indígenas, 21, 75, 100, 112, 125-6, 128, 131-2, 139
Tesouro Nacional, 112
Thevet, André, 26, 33-5, 37-8, 41, 46, 48, 50-2*n*
tifo, 14
Timbira, 25*n*
Time (revista), 132
Tocantins, 23, 28, 64, 70, 76
Todorov, Tzvetan, 8
Tomé, São (apóstolo), 40
totemismo, 120-1, 138
Tourinho, José Emigdio dos Santos, 77
tráfico negreiro, 56, 84
Transamazônica, Rodovia, 21
Tratado da Terra do Brasil (Gândavo), 29
Tratado de Tordesilhas, 28
Trinidad, ilha de, 38
Tucuruí, barragem de, 21
Tukano, 12
Tupi, 12, 25*n*, 26, 28, 37-42, 46, 48-9, 51-2, 62-3, 107
Tupinambá, 15, 18, 24, 33-4, 36, 38, 41, 46, 49, 51-2*n*
Tupiniquim, 22-3
Turner, Terence S., 12-3, 23, 25

Ucayali, 12
União Soviética, 132

Valença, aldeia de, 72, 78

varíola, 14-5
Varnhagen, Francisco Adolfo de, 11-2, 25*n*, 60, 64
Vasconcellos, Ignacio Accioli de, 75
Venezuela, 136
Vespúcio, Américo, 29-32, 35, 38, 50-2*n*
Vidal, Lux, 25n
Vieira, Antônio, padre, 21
Villegagnon, Nicolas Durand de, 33
vingança, 32, 37, 49
Virgínia (EUA), 29
Visão do paraíso (Buarque de Holanda), 50*n*
Votoron, 77

Wallerstein, Immanuel, 25*n*
Wapixana, 125
Waurá, 24
Weber, Max, 108
Wied-Neuwied, Von, príncipe, 62-3
Wright, Robin, 12-3, 15

Xambioá, 70
Xavante, 12, 23
Xerente, 23, 65
Xingu, 13
Xocó, 94
Xukuru, 93

Yanomami, 123, 125, 131

Zomé, 40

CRÉDITOS DAS IMAGENS

Página 7: Jean Loup Charmet, Bibliothèque Mazarine.
Página 27: The John Carter Brown Library at Brown University.
Página 55: Coleção da Secretaria Municipal de Cultura, Centro Cultural São Paulo.
Página 99: Murilo Santos, CEDI.
Página 119: Orlando Brito, Agência O Globo.

ESTA OBRA FOI COMPOSTA EM CHARTER
POR WARRAKLOUREIRO/ ALICE VIGGIANI
E IMPRESSA EM OFSETE PELA GRÁFICA
BARTIRA EM PAPEL PÓLEN DA
SUZANO S.A. PARA A EDITORA
CLARO ENIGMA EM MAIO DE 2024

A marca FSC® é a garantia de que a madeira utilizada na fabricação do papel deste livro provém de florestas que foram gerenciadas de maneira ambientalmente correta, socialmente justa e economicamente viável, além de outras fontes de origem controlada.